Die Kunst
des digitalen Lebens

Wie Sie auf News verzichten
und die Informationsflut meistern

作者
Rolf Dobelli
魯爾夫·杜伯里
《思考的藝術》暢銷作家

繪者
El Bocho
艾爾·波丘

譯者
鐘寶珍

拒看新聞的生活藝術

如何不看新聞卻又能掌控資訊流

給我的妻子莎賓娜，相較於我，她甚至在更早之前就已不再消費新聞。

也給我們的雙胞胎努瑪和阿維，謝天謝地，他們還太小，無法消費新聞。

各方推薦

對《生活的藝術》一書

「我不僅閱讀杜伯里的作品，更仔細品味其中的每個文字。」

——法蘭克・艾爾斯特納（Frank Elstner），知名電視節目主持人

「杜伯里的文字清晰透徹、聰明睿智、令人信服。」

——格哈特・施若德（Gerhard Schröder），前德國總理

「杜伯里是當前歐洲才智最爲出眾的思想家之一。」

——馬特・瑞德利（Matt Ridley），暢銷書作家

「杜伯里將不同知識領域的思想巧妙地融會貫通，他筆下的科學及藝術，結合了智慧、風采與精準。」

——約書亞・格林（Joshua Greene），哈佛大學心理學教授

「杜伯里再次出擊！他不僅開啓我們的視野，更喚醒了我們。他將敏銳的科學理解與令人印象深刻的哲學途徑相互結合，從不滿足於膚淺的表象。一旦讀了魯爾夫・杜伯里的書，你將會愛不釋手！」

——譚莉・歐布萊特（Tenley E. Albright），麻省理工學院合作倡議計畫主任暨哈佛大學醫學院名譽教授

「在他最初那幾本書裡，魯爾夫・杜伯里向我們展現人該如何正確思考。如今他又提供極其珍貴的忠告，告訴我們該如何活出美好的人生。」

——詹姆斯・弗林（James R. Flynn），奥塔哥大學名譽教授暨「弗林效應」發現者

「魯爾夫・杜伯里具有令人神往的才華，能以扣人心弦、充滿啓發的手法，描繪現代科學研究的成果。」

——布魯諾・傅萊（Bruno S. Frey），巴塞爾大學經濟學教授暨「經濟幸福學」創始人

「魯爾夫・杜伯里不僅具備鑑定世間最佳理念的能力，更能將它們建構成價值遠超過個別部分的整體。他曾在《思考的藝術》一書中做到這點，如今又在《生活的藝術》一書中展現出功力。」

——強納森・海德特（Jonathan Haidt），
紐約大學教授暨暢銷書《好人總是自以爲是》作者

「杜伯里將科學研究的成果化爲實用的步驟，幫助人們活出更美好的人生，眞的是太了不起了！」

——羅伯特・席爾迪尼（Robert B. Cialdini），
全球知名暢銷書《影響力》與《鋪梗力》作者

對魯爾夫・杜伯里早先著作

「讀了三頁就愛不釋手。」

——法蘭茲・辛波（Franz Himpsel），《南德日報》（*Süddeutsche Zeitung*）

「這是一本會徹底改變你思考方式的書。」

——丹・戈德斯坦（Dan Goldstein），倫敦商學院教授

「魯爾夫・杜伯里開啓了令人眼睛爲之一亮的嶄新視野，他的文章見解獨到、妙趣橫生、才華洋溢。」

——克里斯多夫・法蘭茲（Christoph Franz）博士，德國漢莎公司前執行長，羅氏（Roche）集團董事長

「人們眞的應該讀一讀這本書嗎？非讀不可！因爲本書以最具娛樂性的方式，詳實且中肯地帶領我們一窺人類思考的本質。」

——羅蘭・貝格（Roland Berger）榮譽博士教授，羅蘭貝格管理顧問創立人兼榮譽主席

「一道知識的燦爛火花！所有想要擺脫思考泥淖的人，絕對不容錯過這本書。」

——艾瑞絲・波內特（Iris Bohnet），哈佛大學教授

目錄

CONTENTS

【前言】你會聽到一根針掉下來的聲音

二〇一三年四月十二日那天，我應英國《衛報》（*The Guardian*）編輯部的邀請，前去介紹我當時剛出版的《思考的藝術》（*Die Kunst des klaren Denkens*）英譯版。每週都有一位作者可以在那裡簡要地發表自己的新書，而當週獲得這份殊榮的人是我。總編輯亞蘭・洛斯布里傑（Alan Rusbridger）吆喝著召集整個編輯部，會議室裡逐漸站滿了人。大約有五十位記者站在那邊，手裡端著早上的咖啡，竊竊私語著等候洛斯布里傑或許終於會解釋一下，這個在英國沒沒無聞的傢伙是誰。我的妻子陪在一旁，我緊握著她的手，試著抑制緊張。聚集在這裡的人，擁有的是一間在全球具領頭羊地位的報社裡最好的頭腦，而我竟有如此無與倫比的榮幸，能對他們闡述幾個我從認知科學領域裡所得到的觀察，我在心裡期望著他們其中或許有人會對我的書寫幾句話。洛斯布里傑在清了清喉嚨之後一躍而起，面無表情地說：「我剛剛上了您的網站，發現一篇狂妄無恥的文章。您說說這篇文章吧，**不要**談那本新書了。」

對此我可眞是措手不及。原本爲了要介紹《思考的藝術》而練得滾瓜爛熟，希望聽起來令人信服且琢磨得很漂亮的句子——在最完美的情況下，它們會一字未改地刊登在《衛報》上——就在嘴邊了。我把它們吞了下去。洛斯布里傑在我網站上發現的那篇文章，列出了我反對消費「某種東西」的最重要論點，而那個東西，偏偏就是這些廣爲世人所敬重的專業人士日復一日在生產的：新聞。然後，不管是好是壞，我硬著頭皮開始說了，搬出一個又一個理由，解釋人們爲什麼最好拒絕這整個部門裡最受歡迎的產品。現在包圍著我的，不是先前對我懷有善意的五十個人，而是五十個反對者。我試著盡量保持鎮定，忍受他們目光輪番交叉射來的怒火。二十分鐘之後，我闡述完我的論點並以這句話畫下句點：「讓我們開誠佈公吧，各位女士先生，您們在這裡所做的事，基本上是一種娛樂。」

接下來一片死寂。你應該聽得到一根針掉下來的聲音。洛斯布里傑緊閉了一下眼睛，然後環顧四周說：「我希望我們刊出杜伯里的觀點。今天。」語畢，他轉身離開會議室，連句再見也沒說。在場的記者跟著他離開，沒有人看向我，也沒有人跟我說話，一句都沒有。

四個小時之後，我那篇文章的簡要版刊登在《衛報》的網站上。它在最短的時間內累積了四百五十則讀者留言——那是網站所設定的留言上限。很矛盾地，〈新聞對你有害〉（News is bad for you）一文，變成了那年年度點閱率最高的新聞報導之一。

你現在手上拿著的這本小書，正是以那篇「狂妄無恥」的文章爲基礎寫出來的。然而它所涵蓋的內容遠比那篇文章更多：更多你該反對新聞消費的理由、更多新聞會如何影響支配我們的相關研究，還有，更多我們該如何控制並戰勝新聞成癮的建議。經由數位化，新聞已經從一種無害的休閒娛樂媒介，搖身變爲有害人類心智健康的大規模毀滅性武器，所以迴避這種危險是必要的。

有一點對我非常重要：克制新聞消費並不意味著痛苦捨棄。恰好相反：它意味著豐厚的回饋——你會擁有更多的時間，並擁有一種新視野，得以看出什麼是眞正重要、讓我們快樂的事物。

如果不想忘記自己讀一本書時到底讀了什麼，最好的方法就是立刻連讀兩次。爲了讓各位的續讀輕鬆一點：就讀每章文末的重點摘要吧。祝你閱讀愉快！

魯爾夫・杜伯里，於二〇一九年四月

01 捨棄新聞的路（上）

「哈囉，我的名字叫魯爾夫，我有新聞毒癮。」如果有一個新聞毒癮者的自助團體，就像給嗜酒成性的人參加的那種，我在坐下並加入圍成一圈的成員時應該會說這句話，然後希望能得到一點理解。但這應該會是發生在十幾年前的事。

剛開始時一切都很正常。我出生在一個幸福美滿的中產階級家庭，伴隨著我成長的是一種平凡無奇的新聞例行公事，假若七〇年代時你也同樣年紀還小，肯定也很熟悉這一套。每個上班日的早上六點半，我都會聽到送報員把報紙從那個開口推進我家信箱的聲音。不一會兒，媽媽就會把門開一小縫，伸手俐落地把報紙從信箱裡一抽而出，連半步都不用踏出家門。走向廚房的同時，她會把報紙分成兩部分，一半給爸爸（是哪一半，由她決定），自己留下另一半。全家共享早餐時，我們的父母親會翻閱一張又一張的報紙，交換彼此的那部分，然後再繼續翻。早上七點，我們全都會準時收聽瑞士ＤＲＳ廣播電台的新聞。隨後不久，爸爸就會準備去上班，小孩子則是去上學。中午十二點左右，我們全家又會聚集在午餐桌旁，吃完午餐後，大約是十二點半，必須保持安靜，因爲這是收聽電台午間新聞的時間。傍晚六點半，比照辦理。然後是七點半，傍晚的重頭戲來了：瑞士電視台的《今日新聞》（*Tagesschau*）。

新聞是我生活的一部分，如同阿華田之於早餐。然而當時我心裡就已經有種感覺，這當中有些事不太對勁。讓我驚奇的是，每天的報紙都一樣厚，版面配置也都相同。在我父母親訂閱的地方報（《琉森最新消息》〔*Luzerner Neuste Nachrichten*〕）裡，總有一版國外新聞、一版經濟新聞，以及向來都是兩版的琉森市新聞，其他以此類推。看來前一天到底發生多少事，壓根不重要。當時瑞士的新聞市場上還沒有週日報，可是即便如此，星期一出版的報紙卻還是一樣厚（三十六個版面），雖然它理應包含兩天，也就是週六和週日的新聞分量。我覺得這點很奇怪。不僅報紙如此，連《今日新聞》的報導也總是分毫不差，擁有同樣的長度。我認爲這也很可疑，因爲它意謂著，那些在天下大致太平的某一天被認爲重要且列入報導的新聞，在充滿事件的另一天卻被迫變得不重要了。「大概沒其他辦法吧。」我這樣想著，然後就把這念頭拋諸腦後。

經過那些年，我變成一個貪得無厭的新聞讀者。這種對於來自廣闊遙遠的世界的新聞之渴望，在我十七歲那年達到第一個高峰。當時我會把任何一份拿在手上的報紙都從頭到尾翻一次，會跳過的就只有體育版。當我的朋友都在森林裡、在足球場上，跟模型飛機或跟女孩子一起消磨時間時，我可以整個星期六都蹲在琉森的圖書館閱覽室裡。那裡的報紙都會夾在一根木棍上，這樣才不會亂七八糟東一張西一張的，也才方便把它掛在鈎子上。當時大部分報紙的版面是如此之大，內容是如此包羅萬象，而那根木棍又是如此地又長又沉，如果坐在沙發上看報紙，不消一會兒，手腕就會痠痛起來。所以我會坐在有著寬大桌面的書桌旁，像個翻閱著祭壇上聖經的祭司一樣，翻過一版又一版——只不過我總是得站起來，並朝桌面探下身，才能讀到離我很遠、靠近報紙上方邊緣的報導。

我觀察每天總會在同一個時間現身的同一批老先生（幾乎從來沒見過女士）如何以同樣的方式讀報。他們穿西裝打領帶，在當時極端保守的琉森，週末還時興這樣穿。這些戴著深色粗框眼鏡的老先生，給我一種極度睿智的感覺，而我很希望自己有朝一日，也能看起來如此聰明且博覽群書。在讀報紙這件事上，我甚至已經這樣覺得：我自以爲消息靈通，從不留意日常生活中雞毛蒜皮的小事，覺得自己的才智高人一等：握手寒暄的總統、重大天然災害、政變的企圖，這才是偉大且眞正重要的世界，而我覺得自己已經跟它融爲一體了。

我的新聞消費在念大學時淪爲配角，因爲大學生得看的書眞的太多了。然而隨著畢業後開始工作，我讀新聞的熱情又重新燃起。身爲瑞士航空的財務長，我幾乎天天都在搭飛機。當空服員拿著一疊報紙在巡迴分派時，我會立刻一頭栽進所有的標題新聞裡。而在飛行途中「處理」不完的，我就把它們全塞進我的公文箱裡（沒錯，就是左右兩邊各有數字鎖，今天只能在低成本犯罪影片裡看到的那種用來偷運成捆美鈔的方形皮箱），以便稍後在飯店房間裡，讀完這些全球新聞。現在外國報紙與雜誌也都在我的閱覽範圍內了，對此我感到無比狂喜。感覺就好像擁有每天全方位掃瞄世界的力量，幸福極了！

02 捨棄新聞的路（下）

讓我沉迷的還不只是報紙、雜誌、電視和收音機上的新聞。九〇年代網際網路的出現，突然間該知道的又更多了……不，不只更多，而是全部——來自世界各地的、全面的、即時的、免費的新聞。我還記得我的第一個螢幕保護程式，它顯示的不是某種無趣地四處飄移的三角圖形，而是最即時的頭條新聞。那個程式叫作 PointCast，而我可以在這個妙極了的螢幕保護程式前坐上幾小時：就像看著曼哈頓時代廣場上從不間斷的新聞大標題，只不過這是在自己的電腦螢幕上！與這並行發展的，還有那些大報與雜誌社、稍後連地方報紙都自行架設的網站。要真正「讀完」新聞，現在是再也不可能了——你根本無能為力。在你總覺得還沒讀過某份報紙新聞標題的同時，其他報紙又已經拋出了新的標題。

第二代及第三代的網路瀏覽器允許推送訊息（Push-Nachrichten）和 RSS-Feeds[1]，我都訂閱了；報紙的每日新聞通訊，我也訂閱了。接下來新聞播客（News-Podcasts）出現，想也知道，我當然不能錯過。我覺得自己完全跟得上時代的脈動，興致勃勃、心醉神迷。那

1 譯註：RSS（Really Simple Syndication，簡易資訊聚合）是一種訊息來源格式規範，可以把新聞標題、文章摘要及內容按照用戶的要求「送」到用戶桌面上。

種作用就像酒精，只不過——當時我是這樣想的——它不會讓人變笨，而是讓人變得更聰明。

但眞相是：新聞就像酒精一樣危險，或說更爲危險。想當個酒鬼，你得克服的障礙要高出許多。說得更明確一點：酗酒的困難度大於零，收看新聞則小於零。首先你得花功夫去買酒，這需要時間和金錢，酒精不會免費送上門來。倘若你眞的是個酒鬼，而且（還）有伴侶跟你一起生活，你還得把酒藏好，並盡快處理掉那些喝光的空酒瓶，這一切都意謂著耗費精神。反之，在新聞消費這件事情上，你則不會有這些精神損耗。新聞無所不在，有一大部分還一毛錢都不用付，它會自動鑽進你的意識裡，你不用存放，也沒什麼東西好清除整理。就因爲這種「困難度爲負」的特性，新聞才如此陰險惡毒。我很晚才意識到這點，在我已經花了幾萬個小時讀新聞，然後捫心自問兩個問題之後：現在你更了解這個世界了嗎？對事情能做出更明智的判斷了嗎？而這兩個問題的答案都是：「並沒有。」

然而當時我對這場鋪天蓋地、絢麗刺眼的新聞風暴，還是有著一股消退不了的狂熱，儘管它很明顯地讓我煩躁不安。那些新聞快訊的片段，總會不停地跑到我所置身的現實當下，而突然間，要我把一段較長的文字讀完，變得費力了起來。就好像有人把我的專注力一把剪個粉碎。我陷入恐慌，擔心自己的專注力再也無法恢復，我永遠都沒辦法將那些碎片再度完整拼回。於是我開始讓自己慢慢退出新聞劇場，取消新聞通訊及 RSS-Feeds 的訂閱，試著限制自己只選擇幾個新聞網站來上（像《新蘇黎世報》〔NZZ〕、《明鏡》

〔*Spiegel*〕、《紐約時報》、《金融時報》〔*Financial Times*〕、《華爾街日報》〔*Wall Street Journal*〕）。然而即使這樣也還是太多，於是我繼續減量，新聞來源從五個降到四個、三個，然後兩個，同時我要自己一天最多只讀三次新聞。可惜這樣做依然不管用，我常像隻掛在新聞上的猴子，從一個連結盪到另一個連結，不一會兒就又迷失在無邊無際的新聞叢林裡。我想我得採取極端的解決手段，而且要趕快，那就是：跟新聞一刀兩斷。完全。徹底。立刻。而你看，這很管用！

爲了戒斷新聞癮，我花了些時間，也拿出相當的實驗精神及意志力。我尤其想找出下列這些問題的答案：新聞是什麼？是什麼讓它如此難以抗拒？當我們在消費新聞時，大腦裡會發生什麼作用？爲什麼我們的消息如此靈通，知道的卻還是如此之少？

這種跟新聞徹底告別的極端做法對我而言是難上加難，因爲我有許多記者朋友。他們是我所認識的人當中，最聰明、最好玩、文化素養也最高的一群。尤有甚者，他們絕大多數都是基於道德因素而選擇了這個職業——爲了讓世界更公正一點、爲了監督擁有權力的人。不幸的是，他們被困住了，困在一個跟眞正的新聞報導幾乎不再有什麼關係的產業裡。舞文弄墨報導新聞，變成一件空無意義的事。

如今我成功地戒掉了我的「癮」。自二〇一〇年開始，我的生活中完全不再有新聞，因此得以看見、感受並以第一手體驗，描述這種自由帶來的影響：更高的生活品質、更清晰的思路、更具價值的觀點、更少的緊張焦躁、更好的決斷力，還有更多的時間。我從二〇一〇年開始就沒再訂閱過報紙、沒看過電視上的《今日新聞》、沒聽過電台的新聞廣播、不再讓線上新聞不斷襲來。這種以自我試驗而開始的改變，現在成了我的生活哲學。我可以憑著良心向你推薦捨棄新聞的好處，你將因此具有更好的決斷力，也會擁有更好的生活。此外，相信我：你不會錯過任何重要的事。

03 新聞之於心靈，正如糖之於身體

新聞究竟是什麼？最簡單的定義：「來自世界各地的簡要訊息」。澳洲發生巴士意外；瓜地馬拉的地震；A國總統與B國總統會面；女演員C與某D分手；義大利政府重組；北韓發射飛彈；一個打破所有紀錄的APP；美國德州一男子吃掉五公斤活蟲；某跨國集團炒掉它的執行長；某政治人物的一則推文；聯合國有了新祕書長；一男子刺殺自己的祖母；諾貝爾獎候選人名單；某和平協定的簽署；一隻鯊魚咬掉潛水客的腿；中國建造新航空母艦；某賄賂醜聞；歐洲央行警告經濟衰退；關於G7、G8、G20、G87或GI23高峰會；阿根廷破產；某企業家鋃鐺入獄；某政府下台；某國政變；某件船難；道瓊股市收盤行情。

有時候媒體會誇張地稱這些短聞為**頭條新聞**或**國際要聞**，卻改變不了一個事實，也就是它們多半跟你的個人世界無關。沒錯，你大可放心地以此推論：愈是號稱**「重大」**的新聞，就愈是無關緊要。

相較於書籍，「新聞」是個新穎的發明，這種文體出現不過才三百五十年之久。全世界第一份日報，也就是萊比錫的《新到新聞》（*Einkommende Zeitung*），發行於一六五〇年。不到幾十年之後，歐洲就出現了好幾百家日報。新聞最終變成了一門生意，所有能引發讀者興趣，因而也能刺激報紙銷量的新聞，從此都被報社視為「具報導價值」——不管它重不重要。把「新的」東西當成「關係重大的」東西來賣，這個基本騙術始終一如既往、不曾改變。不管是實體報紙、線上新聞、社群媒體或收音機及電視上的每日新聞，一直都依循著這種模式。

從第一份報紙問世以來，更變本加厲的，是它放肆無恥、猛烈腥羶與大肆宣揚的能耐。以這樣的能耐，它把新的東西吹捧成重要的東西來賣。隨著過去二十年來，網際網路與智慧型手機的普及，人的新聞癮發展成一種危險的狂熱，你幾乎再也逃不開新聞。所以時候到了，該是思考自己對新聞氾濫的態度、認清新聞消費的後果，並採取「排毒療程」的時候了。

「新聞」的相對物，就是那些篇幅較長的文章或媒體格式，像是長篇的報紙與雜誌文章、論文、專題特寫、深度報導、紀錄片節目以及書籍。當中有不少內容深具價值，傳遞著新知識與背景資訊。但是要小心：這也遠遠不能保證它們就是重要的。只要它們出現在主要依賴廣告營收以維持運作的媒體上，把新奇的價值置於重要性之上的危險就依然存在。那些長篇文章到底是極具價值或一文不值，我不想要每次都得為了評估這點而傷透腦筋，於是完全放棄收看新聞（不管是從報紙或網路），也放棄了廣播與電視。再加上許多質量俱佳的長篇文章或報導，如今反正也都被那些五花八門、內容空洞的短聞密不透風地包圍了。換句話說：它們經常被新聞「汙染」過。而我可不愛喝被汙染過的水源，所以好吧，就採用極端手段。在接下來的章節裡，我會讓你看到，你也可以採取這樣的行動，逃開有毒新聞的魔掌。

像零食般只能暫時止飢的每日新聞，不僅毫無價值，甚至有害健康，這點一直是毋庸置疑的。在過去的幾十年裡，我們得知許多錯誤的飲食習慣會帶來健康風險，例如胰島素阻抗、肥胖過重、容易發炎及倦怠。也因爲這所有的風險都會導致壽命減短，於是我們調整飲食習慣，並學會如何抗拒糖及其他簡單碳水化合物的誘惑。關於新聞，我們今天正站在一個如同二十年前面對糖與速食的時間點上，理由：新聞之於我們的心靈，正如糖之於我們的身體。新聞美味可口、容易消化，但同時也極度有害健康。媒體用塞滿雞毛蒜皮小事的點心、用絲毫滿足不了我們飢渴求知欲的美食來餵養我們。和閱讀書籍與探究詳盡的長篇文章不同，新聞消費無法讓人產生飽足感。你可以狼吞虎嚥不計其數的新聞，只不過它們依然是廉價糖果。這樣做會有副作用，就像你攝取糖分、吃速食、喝酒、抽菸一樣，只是副作用不會出現得那麼立即。

健康的飲食習慣對身體極其重要，健康的精神糧食攝取亦然——這應該是能與每日新聞吃到飽大餐抗衡的反制宣言。如果你有辦法把這本書讀完，就該覺得慶幸。因爲你還不算踩進新聞毒癮患者的圈圈裡，尚未因爲消費太多「零嘴甜食」而喪失了專注力。請堅持下去，戒斷治療總是很艱辛，不過它絕對值得。

04 激進的新聞戒斷方法

我把你搖醒了嗎？如果是的話，你也可以省下別看這本書的剩餘部分了。你**現在**應該立刻做的，就是把新聞逐出你的生活。你要斬斷所有連結，盡可能讓自己難以連上任何新聞入口網站。你該取消所有新聞電子報的訂閱、**馬上**把手機與平板裡的新聞 Apps 全數刪除、賣掉電視機（**立刻**做吧，要是等了太久，就不會有人想買電視了）、刪掉瀏覽器裡「我的最愛」及「書籤」上所有的新聞網頁。還有，絕不要將新聞入口網站設為瀏覽器首頁。首頁就選個從不變動的網頁吧，愈平淡無奇愈好，像我的就是維基百科。

你也該確定自己在旅途中總是隨身帶了足夠的好書，紙本或電子書形式不拘。當你在火車或飛機上的某處發現一份報紙，不要動它，拿起來翻閱對你沒有任何好處。你該告訴自己，視線要避開新聞標題，轉向更有用的事物上。是的，讓那些報紙和雜誌原封不動地待著，即使它們就在你眼前，如此充滿誘惑。

機場的航站大廈裡，經常有陳列許多免費雜誌的大型書架。你就從一旁踱步而過吧，這些雜誌大多是內容空洞的廣告投石機。而如果你在登機門前等候登機，就坐在離那些對著整個航站放送新聞的螢幕遠一點的位置吧。某個在CNN、CNBC、FOX或彭博

（Bloomberg）頻道上喋喋不休的人頭，是你大腦最不需要的東西。你最理想的狀況，是工作一下、讀本書，或者就靜心地看一會熙來攘往的機場，放任自己的思緒天馬行空。

許多航空公司可以讓你免費下載電子報以及雜誌（天曉得為什麼不是電子書或有聲書）到平板上，你得提防這一點。媒體只是藉此來增加讀者統計人數，好讓廣告版面的價格能賣得好一點。此外，當空服人員拿著一大疊報紙從你身邊經過時，你當然也要婉拒。

踏進飯店的房間時，歡迎你的或許會是個有點吵、上面顯示了你姓名的電視螢幕。在你陷入頻道轉過一台又一台的狀態之前，關掉電視吧。最好是立刻拔掉插頭，這樣才能確保安寧。飯店房間的小桌子原本是你打開筆電，想靜心工作一會兒的地方，但上頭十之八九會有一疊雜誌，霸佔了你的空間。那些也都只是廣告投石機，把它們都丟進櫃子裡吧。可惜你每天得重複這道程序一次，因為恪盡職責的飯店房務人員總會不斷地把它們從櫃子裡再挖出來，佔滿那個本來就小得可憐的工作空間。所以最佳策略是把飯店雜誌丟到床底下，在那裡，它們才不會即刻被發現。同樣的東西，還有那種不用吩咐，每天一早就會放在你房門前的報紙。關於旅途中的小建議，差不多就是這樣。

如果你還想抱持「不錯過世界任何重要事件」的錯覺，我建議你翻翻每星期兩頁的〈本週世界〉就好，那是《經濟學人》（*Economist*）週報的新聞摘要。如此一來，每週不多不少會花你五分鐘的時間，我自己就採用了這個方式，不過常常會把這個動作也給省略掉。

最重要的是：你該轉而閱讀那些不怕傳遞，也有充分資源能夠傳遞世界複雜性的書與雜誌。對我而言，《紐約客》（*The New Yorker*）、《麻省理工科技評論》（*MIT Technology Review*）、《外交》（*Foreign Affairs*）以及《經濟學人》的科學副刊，就是這類書刊。深具價值的還有所謂的「作者刊物」，一種主要內容係由專業人士的著作集結而成的報章雜誌。請你也給文章篇幅較長的新出版品一些機會：例如 Krautreporter（德國）、Die Republik（瑞士）、De Correspondent（荷蘭和美國）、Civil.co（美國）[2]等等。畢竟這個世界是複雜的。再者，試著每個星期都找本書來讀，如果你在讀了二十頁之後，還不覺得自己看世界的觀點有所拓展或改變，也不覺得這本書會在其他方面吸引你，那就擱到一旁。反之，如果你發現一本每隔一兩頁就會向你傳遞新知識的書，請把它讀完。緊接著還要再讀一次，立即且連續，中間不穿插閱讀其他書籍。連續閱讀一本書兩次的效力，不僅雙倍於只讀一次，以我自己的經驗來說，效力甚至可高達十倍。這種再讀一次的建議，自然也適用於篇幅較長的文章。

此外，你偶爾也該讀一下教科書，也就是我們所說的「課本」。沒有比這更好的精神糧食了，一本教科書就好比學士課程，既密集又營養；想要了解這個世界，你需要扎下知

2 譯註：Krautreporter（創立於二〇一四年）、Die Republik（二〇一八年）、De Correspondent（二〇一三年）、Civil.co（二〇一六年）皆為近年創刊的獨立線上新聞雜誌，是數位時代下的新型態新聞媒體，多透過公眾集資／讀者訂閱、不依賴廣告收入營運，強調專業、獨立、公正、深入且真實的報導。

識基礎，而教科書尤其能夠符合這個需求。或許這聽起來無趣到極點，但事實就是如此，我們只能理解跟自己原有知識有關的東西。

好吧！你可以 Google，畢竟網際網路上充滿一流知識來源。可惜的是，你的搜索有時候會落在一個新聞網頁上，這其實也沒那麼糟，只不過你得留意不要被捲進其他新聞訊息的漩渦裡，它們同樣也在企圖吸引**你**的注意。**你**必須確認自己在搜尋什麼，必須預定好路徑，不要讓你的注意力任新聞媒體擺佈。

我貫徹拒看新聞的行動已有十年之久，而這麼做的效果，不管是在生活品質或決策品質上，都令我感受深刻。試試吧，你不會有任何損失的，你只會獲得。❦

05 三十天作戰計畫

第一個星期會是新聞戒斷計畫最難捱的時期。不動手點閱新聞需要紀律，一開始你會生活在一股騷動不安的預感中，覺得時時刻刻都有衰事正降臨到這個世界上。你心裡有股刺癢，有種緊張焦躁，因爲你認爲接下來的災難會讓你措手不及，你的處境不利，而所有其他人則佔盡優勢。你感覺自己被他人排除在外，甚至被社會隔離。每個小時你都會有這樣的念頭，想著要到最愛的新聞入口網站瞥一眼。抗拒這種企圖吧！謹守你要厲行戒斷新聞的計畫。過過三十天沒有新聞的日子，告訴自己：「三十天之後就可以再回去過老日子，這三十天就忍耐一下吧！」爲什麼是三十天？因爲在那之後，你才能初步體會冷靜放鬆與內心平和的感受。你會確信，現在你擁有的時間遠比過去多，你更能專心，也更加理解這個世界。

三十天是一道重要的門檻。三十天過後你會體認到，即使實施新聞戒斷，你不曾也不會錯過重要事件。如果有一件事眞的很重要，你會來得及知道的——從專業報導，從你的朋友、丈母娘或任何一個跟你聊過天的人那裡得知。你跟朋友碰面時，就問問他們世上有沒有發生什麼重要的事吧！以這個話題作爲聊天的開場白再適合不過，而答案通常是：

「其實並沒有。」

三十天後，你可以自行決定要不要回去過以前那種被新聞搞得烏煙瘴氣的生活。假使你決定回歸，可是之後又想重新展開新聞節食，你得回到原點，再熬過一開始那艱難的三十天。不過經我個人親自推薦而採行新聞節食的人，大多至今仍舊依循著這個原則過日子，因爲嶄新的生活感受帶來的好處，何只百倍於其中的壞處。

假若你已順利度過開頭的三十天，因爲你或許在讀這本書之前就已經這樣做了，那眞是可喜可賀！你現在每天賺到九十分鐘了，相當於每星期賺到一個工作天，即使再保守估算，每年總計都省下超過一個月的時間。現在你的一年終於又恢復爲十二個月，而不是之前的十一個月。

你會怎麼運用你贏回的時間呢？花在書刊上如何？用來閱讀報章雜誌上的長篇文章，特別是那些由專家執筆的。又或者把這些時間用來參加網路上的一流課程？是的，把一些免費（或得付費）的線上課程修完吧，其中許多課程具備世界一流水準：像 iTunes-University、可汗學院（Khan Academy）、優達學城（Udacity）和 Academic Earth。如此一來，你將能理解構成這個世界之根本的機制。談到學問，與其求廣，不如求深，你該致力於眞正重要且觸及你能力圈的內容。能力圈指的是什麼，我們在第九章會更詳細探討，現在我們只需要知道：能力圈是某個你在這方面的能力遠高於（或你傾全力使其高於）平均水準的領域，簡單說，就是你的專業領域。

把贏得的時間用在思考上呢？比爾・蓋茲在成立微軟公司之後，每年都會讓自己享有兩次一整個星期的思考時間，一個所謂的「思考週（Think Week）」。他會打包一整個行李箱的書和一疊筆記紙，一同消失到一個寂靜的小島上。你也這樣做吧，畢竟現在你有了額外的兩個星期，或更多時間！隨著戒掉新聞的行動，現在你每年甚至獲贈了四星期的時間。另外，也不必非得到私人小島上，一間位置僻靜的山屋效果一樣好。

你將會享有一個不論是你的夥伴或競爭對手都望塵莫及的優勢（除非他們也開始新聞節食）。因爲一旦一則新聞問世，它就會變成一種普遍共識；可是如果你能夠看出事情之間（1）正確的，且（2）**尚未**成爲普遍共識的相關性，你就擁有了一種優勢。而這樣的相關性，你只能透過密集思考才能一窺其蹤跡。

在你進行新聞戒斷的第一個階段，也就是最初的三十天裡，你完全得用強迫的方式，才能讓自己不去收看新聞。那股衝動雖然還在，但你的意志力更強。一段時間之後，那種渴望會逐漸減退，你幾乎不必再靠意志力苦撐。是的，現在你對新聞興趣缺缺，到此，你完成了第二階段。

在第三階段，你甚至會對新聞產生反感。即便你周遭的報紙、小雜貨攤外的廣告，或公共場所電視螢幕上仍有不斷想強迫放送給你的頭條新聞，你都會自動轉開頭不看。假若你已達成這第三階段，我要再說一次恭喜！你成功戒掉了新聞，而且贏回了你的生活。

06 溫和的新聞節食手段

如果我的方式在你看來太極端了，建議你採取「溫和手段」。方法是這樣的：完全放棄所有日報（不論是印刷版或線上版）、收音機、電視機以及社交媒體上的新聞播放，改為只閱讀一份週報（或週刊）。一份，不是兩份或三份，而且請讀印刷版的報紙，不要線上版。理由很簡單，因為印刷版的報紙上沒有超連結。有兩個原因讓超連結變成了問題，首先，你每次都得決定要不要在那上面點一下，而這需要花點時間、專注力以及一些意志力。其次，在你點下超連結時，你就被引導離開原本的文章，轉眼間迷失在茫茫網海中，像塊漂流物般被來回沖刷、隨波逐流。

而這份你所選擇的週報或週刊，你就一口氣把它讀完吧！不要把閱讀分成好幾回，更不要分成好幾天。最理想的做法，是給自己設定一段時間，就給整份報紙六十分鐘好了。放心地定下計時器吧，這麼做，能將有害新聞對你腦袋和精神的損害降到最低。至於該考慮哪一份報紙呢？就選在報導上最不會大肆渲染，在營運上只有極小部分仰賴廣告收入的那一份吧！不過，如前所言，就只選一份。

下一步你該做的，是把閱讀量降低到每期刊物裡固定數量的文章。我有朋友只讀《經濟學人》，而且只讀社論（每次就在「社論」標題下選五篇）。有些則只挑《明鏡》週刊的社論看，其他則全部捨棄。還有些專選《世界一週》（*Weltwoche*）和《時代週報》（*Die Zeit*）上總編執筆的社論，或《金融時報》週末版（*Financial Times Weekend*）上的社論對頁版（Op-ed）來讀。最理想的情況，是選擇一種每週都不會（或只有些微）變動，且總是出現在同一頁上的版面文章。

你怕有限的閱讀選擇會讓你錯過重要訊息嗎？這點你大可放心。舉例來說，如果你每星期都讀《明鏡》週刊的社論，一年就會累積五十二篇，而那裡面會提到這一年內所有發生過的最重要的事。

採取「溫和手段」幾個月後，或許你會準備好改採更激進的手段。對此我想向你建議這個過渡步驟：你所訂閱的最新一期週報或週刊出現在信箱裡時，看都不要看，直接放進抽屜裡，然後拿出出版距今至少一個月的那一期來看。你會發現朋友們所談論的重大新聞（敘利亞戰爭、貿易大戰、英國脫歐，也總是這些）也都有刊載在較舊的這本裡。重讀舊週刊的做法，會減低人再度被拉回新聞漩渦裡的風險。透過這樣的自我實驗，你會體驗到自己並沒有錯過任何重要訊息的安全感。在避開新聞這件事上，將更有自信，立場也更堅定。

不過你可要有所警覺：「溫和」的新聞節食方式遠比激進者來得危險。因為你是在艱困地逆著新聞風航行，而新聞媒體女妖般魅人的吟唱，聽起來會響得多、甜蜜得多，也更蠱惑。所以，如果你敢放膽一試（我希望你能夠如此），應該從一開始就選擇激進的手段，也就是完全摒棄新聞。

「老毛病」又犯了時該怎麼辦呢？我也曾有這種經歷：二〇一六年川普當選總統時，突然之間，我發現自己已置身選戰熱潮的新聞狂流之中。當時我天天查詢《紐約時報》及《新蘇黎世報》的網頁，直到自己不得不確信，那些新聞不過讓我憤怒激動，而我反正什麼事也影響不了。在接下來幾章，我會說明我當時立刻察覺到的所有負面效應——焦躁不安、思考邏輯錯誤、浪費時間。除此之外，我還覺得糟透了，因爲我違背了自己的決心。我內心的平靜等於遭受了雙重打擊。直到整整四個星期之後，我才又重新關上了新聞閥。所以「老毛病」又犯了的時候該怎麼辦？就跟人又開始酗酒時該做的一樣：從頭開始，回到零容忍的階段。此原則當然不僅適用於激進路線者，溫和路線者也同樣適用。

現在你可以合上這本小書，立即進行拒看新聞的計畫，你會在很短的時間裡，從身心、從腦袋感受到新聞戒斷對你是多麼有益。但若你需要進一步確認，或想在說服他人時能更有力，那就繼續往下讀吧。反對新聞消費的論點已塡上火藥、裝滿炮台，敬請期待。你是有時間讀這些的，就是現在，只要你不再讓自己分心去看新聞。

07 新聞並不重要（上）

你可能已經在過去十二個月的時間裡，囫圇吞下兩萬多則短聞——保守估計，每天大約六十則。我們就開誠佈公吧，你能說得出其中有哪一則，讓你對自己的生活、家人、生涯、福祉或事業，做出了更好的抉擇嗎？一個如果沒看到這則新聞你就做不出的抉擇。在被我問過這個問題的人當中，沒有人說得出超過兩則例子。以兩萬則新聞來說，這個比例也太慘了！而我回顧自己不再消費新聞的過去十年裡，僅僅記得起一則或許眞的可以幫到我的新聞：我開車到了機場，那裡有人告訴我，因爲冰島一座火山噴發，所以我的班機取消了。但如果我留下正確的手機號碼，航空公司的簡訊能順利傳給我，這則新聞（還有白跑一趟這件事）也大可省去。

對你生活中眞正重要的事，新聞其實無關緊要；雖然它在最好的情況下或許還算消遣娛樂，但終究沒什麼用處——要讓自己在思維上跨到這一步，你得克服許多障礙，而許多人都還做不到這一點。

讓我們先假設一下：你出乎預料地確實看到一則提高自己生活品質的新聞報導，也就是說，如果沒有這則報導，你的日子眞的會變糟。然而在發現這塊美味松露之前，你的腦袋又得先消化多少垃圾？

現在你很可能會這樣反駁：「事情不能如此非黑即白而論，中庸之道是存在的，也就是愼選新聞內容。我們可以只選擇具有價值的新聞來消費，把其他的全擱在一旁。」聽起來不錯，然而卻行不通，因爲我們根本沒辦法事先評估一則新聞的價值。想要判斷一則頭條新聞值不值得讀，我們就必須讀它，如此一來，等於又得嚐遍吃撐整個新聞大餐裡的菜。

可以把選出最重要新聞的任務交給專家嗎？新聞記者在挖掘及過濾重要事件這方面又有多在行呢？全世界的第一個網頁瀏覽器出現在一九九三年十一月十一日，它或許是繼原子彈之後，二十世紀最具影響力的發明之一。但是你知道這瀏覽器叫什麼嗎？它叫「Mosaic」。不知道是可以被原諒的，因爲它就是沒能讓自己變成新聞。相對地，那幾天在德國《今日新聞》節目裡報導的，是政黨資金籌措的改革方案，是以色列總理拉賓（Rabin）拜訪柯林頓（Bill Clinton），還有教宗斷裂的肩關節骨。這意謂著，不論是新聞記者或我們新聞消費者，都沒有配備能偵測重要新聞的感覺器官。

不僅如此，在重要性與媒體關注度之間甚至呈現反比的關係：亦即愈是炒得眾所皆知的新聞，常常就愈無關緊要。所以**不**被報導的事，常常就是要緊的事！經過這些年，我已經確信了這點。

「關係重大」是一件高度個人化的事。它不是由國家來定義，也不是由教宗、你的上司或心理治療師來決定。更不要把它跟媒體觀點混爲一談，對媒體而言，能夠保證引人注

意的，全都是要緊的。這個把戲，就存在於整個新聞產業商業模式的核心裡；他們提供我們無關緊要的新聞，卻把它們當成重要大事來賣。「重要的新聞 vs. 新的新聞」，這是當代人所必須面對的根本之爭。

假如我得編製出一集對我個人至關重要的《每日新聞》版，它看起來應該是如何？或許它會包括下列新聞：一則有關家庭狀態的報導，關於孩子們今天做了什麼、在想些什麼，而我太太的心裡又有哪些想法；一則關於今天我原本能把哪些事做得更好的回顧，也就是某種形式的一日評論；一則包含驗血結果的家人健康檢查報告；一則有關我姑媽病情的狀態報導。除此之外，還有關於我朋友的身心狀況、社區規畫中的減少車輛噪音措施之更新、垃圾處理計畫、翻新廚房的構想、休假計畫、與一個研究者互通的電子郵件、我下一本小說的構想、一個事業上的新點子、午餐時帶給我許多歡喜的一場談話的回顧。然後還會有一則來自鄰里、學校、城市，也就是來自區域或跨區域的通訊報導。最後或許還有關於既定的或已生效的法令變動，以及我身為一個寫作者需要具備哪些東西的報導。

我的《個人版每日新聞》會受到其他人歡迎嗎？當然不會。因為對我而言很重要的事，與其他人根本沒半點關係，更別提那些被列在全球新聞菜單上的事件。然而大多數人卻總以為，所謂的**世界新聞**，想當然耳是關係重大的。這是一種誤解。

新聞機構企圖讓你相信：他們使你獲得了競爭優勢。許多人也果真掉進了這個騙局。事實上，消費新聞並非競爭優勢，而是一種劣勢；因為如果新聞消費確實會讓人步步高昇，新聞記者的收入應該早就穩居金字塔尖端。然而事實並非如此，甚至還完全相反。我們不能確知讓一個人成功的要素是什麼，卻可以百分之百確定什麼是成功的絆腳石。而暴飲暴食各種新聞小點心，毫無疑問是成功的殺手。

Take-away

不論是新聞記者或我們新聞消費者，都不具備能夠偵測重要新聞的感覺器官。你該編列自己的「個人版每日新聞」，而不是消費被新聞媒體冠上「重要」而推銷給你的新聞。

08 新聞並不重要（下）：一個思考實驗

地球會是這樣的大小，純粹是個偶然。現在讓我們假設：地球的直徑爲現有的兩倍長，於是地表面積會變成實際的四倍大，在人口密度相同的情況下，住在這個星球上的人也會因此是四倍之多，然而那上面的城市和地景，會跟我們所認識的幾無二致，你的生活，親愛的讀者，感覺起來也與原有的絲毫無差（好吧，我們得先忽略一下重力改變的問題）。不過有些事卻會有所變化：譬如新聞。

在這個大地球上的「重要新聞」，數量大概會是目前這個（小）地球的四倍之多。這意謂著：全世界的英雄人物、神經病、醜聞、斷橋事件、音樂天才、謀殺案、連環追撞、名人、離婚、火山爆發、海嘯、推特上的推文、鯊魚攻擊、恐怖份子威脅、電腦病毒、大壩潰決、生態災難、銀行搶案、武裝衝突、公關訊息、新發明、企業成立與公司破產等等，數量都至少會是原有的四倍。

不過有些新聞是不會根據比例增多的，特別是在那些適用「贏者全拿」的領域裡。譬如說，每年每個專業領域裡，依然只會頒發一個諾貝爾獎，而不是四個；只有一個人能成爲世界首富，而不是四個；奧運女子鉛球的金牌選手也會只有一個，而不是四個。此外，

像汽車廠牌、社群媒體網站和網頁搜索引擎，或許比起目前會數量翻倍，但不會到四倍之多。至於其他領域的新聞，相反地，卻可能會有**超比例**發展：在人口變成四倍時，英雄式的合作事蹟、醜聞式的紛爭衝突、讓人跌破眼鏡的公司合併或法院判決等，發生頻率可能會爆增十倍。而直飛航線和金融體系的不穩定度，更可能會是原有的N倍。不過爲了簡化之便，我們就讓所有的變化都維持在四倍吧（畢竟這只是個思考實驗）。

所以，假若你認爲今天你所消費的新聞大多是重要的，在一個較大的地球上，你勢必得消費四倍之多的「重要」新聞。不再是之前的每天九十分鐘，現在你每天得投資六小時來讀重要新聞。不用說也知道，你當然不會這麼做。毫無疑問地，你還是會把自己的新聞消費額度控制在一個與你日常其他活動所需可大致相容的範圍內。因此同樣是九十分鐘，這是我們平均會花在新聞上的時間。畢竟你還得工作，你有家庭、朋友、寵物和自己的嗜好。然而這同時也意謂著，你其實可以很輕易地接受，只讀四分之一的號稱「絕對最重要」的新聞。如果這麼做對你不會有任何問題，你應該也能這樣自問：假若在這個思考實驗裡，我可以準備好放棄新聞，在眞實生活中又有何不可？沒有任何新聞是重要到沒有它，你就活不下去。

如前所述，沒有一條這樣的界線，能普遍適用於區分哪部分的新聞重要，而哪部分又不重要。在剛才的思考實驗中，你可以毫無困難地做好將新聞消費減少百分之七十五的準備，在其他情況下，你應該也能有將之減少百分之九十九的心理準備。而再跨一步到百分之百，也只是合情合理。

縱然如此，你還是怕自己會錯過「一些重要的事」嗎？根據我的經驗，如果眞有重大事件發生了，即使是住在一個新聞穿不透的蠶繭裡，你還是能獲知消息。當你的地下室有管線破裂，你會從你很細心的鄰居那裡得知，這種事等報紙來就太晚了。萬一在這個世界的某處，有恐怖份子把一輛巴士炸到半空中，你也會知道的。你的家人、朋友和同事，會比所有的新聞企業更忠實地向你報導這件「天大」的事。你甚至還可因此得到詮釋資料（meta-information）[3]的額外用途：你會了解朋友看重哪些事，以及他的世界觀，然後知道該如何評價傳遞新聞訊息給你的人。即使你沒得到這件巴士恐怖攻擊的消息，那也沒關係。反之，你應該覺得高興。其他星球上或許也發生了很糟的事，我們什麼都不知道，但不也覺得很ＯＫ嗎。

眞正關係重大的事件，大多是在你讀一本好書時得知的。實用書籍正是一篇篇幅超長、在構思和研究上都極其耗費心力的文章。當然了，一本書不會在事件發生當天出版，不具第一時間性。然而這一點都不重要，因爲對你而言，有時間緊迫性的事件根本少之又少。

3 譯註：又稱元資料或中介資料，為「描述資料的資料」；被用來概述資料的基礎資訊，以簡化尋找過程、方便使用。例如一份文件的詮釋資料可能會包含文件長度、作者、建立時間、文件概述等資訊。

Take-away

沒有任何新聞是重要到沒有它你就活不下去的。一本好書對你的生活與幸福的價值，千倍於不計其數的新聞。

09 新聞非你能力圈內之物

「關係重大」的最具體涵義是什麼呢？對此有兩種定義，比較狹義、嚴格地說，如果有某件事能讓你做出更好的決策，那它就是「關係重大」的；比較廣義者則是，所有能讓你更加理解這個世界各種關連性的東西，都是「關係重大」的。在接下來的文章裡，我會兩種定義兼用，而你要選用何者，其實也無可無不可，因爲不管是依據哪一種定義，新聞都無足輕重。所以，無論如何，戒掉新聞都是值得的。

深具傳奇性的投資家華倫・巴菲特（Warren Buffett）曾用過**能力圈**（Circle of Competence）這個很棒的詞，德文是 Kompetenzkreis。這個圈圈裡的事物是你所專精的，在那之外，你只了解部分或是完全門外漢。對此，巴菲特的人生座右銘是：「了解自己的能力圈，待在裡面。這個圈圈到底有多大其實無關緊要。知道這個圈圈的邊線究竟在哪裡則非常重要。」IBM的創辦人湯姆・華生（Tom Watson）便是這種論調的鮮活明證。他曾這樣談論自己：「我不是個天才，我只是在某些點上有才，而我始終圍繞在這些點上。」

所以你該以你的能力圈爲核心，嚴密組織自己的職業生涯。這種極度的聚焦，不僅會爲你帶來財富，尤其可以替你節省時間，因爲你不需要每次都得重新判斷哪些事該留意，哪些又可省掉。而這點特別適用在你的媒體消費上：環繞著你的能力圈的知識是你的工具、利器，你可以依此區別資訊來源是深具價值或毫無用處。

更具體一點：所有適用於你能力圈裡的資訊，都深具價值；而在你能力圈外的所有不相干者，則最好忽視，否則你只是在浪費時間，並損害自己的專注力。

能力圈爲什麼重要呢？因爲在現今的世界裡，除了極其少數的例外，你幾乎只能在一種領域因專業而成功。一個人關於某項專長的知識愈豐富、能力愈強，就會愈成功。如果能夠在你的專業領域裡成爲全球頂尖，那你就辦到了，這跟我在《生活的藝術》一書中所描寫的**贏者全拿效應**有關。簡單說，你有兩種選擇：成爲「專業白癡」，或成爲失敗者。

「專業白癡」乍聽很可怕，不過你當然也可以稱它爲「冠軍」。聽起來有吸引力多了，不是嗎？貝多芬是個專業白癡，不過是個怎樣的專業白癡呢？如果說到交響曲創作，他可是全世界第一把交椅，然而在他的能力圈之外，他沒有任何傑出之處。畢卡索是個專業白癡。尤利．加加林（Yuri Gagarin），第一個進入太空的人類，是個專業白癡。牛頓或許是有史以來最偉大的科學家，但他也是個專業白癡。他在自己的能力圈之外，完全是個不中用的人；股票市場上的投機買賣，更害得他傾家蕩產。

一個精密測量出來的能力圈，會讓你在判斷哪些資訊該裝進腦袋，哪些又該丟進垃圾桶時，變得容易許多。假設你是心臟外科醫生，所有與其相關的科學期刊都應該是你的焦點；或許你也該涉獵一些給領導者看的書刊（如果你在領導團隊裡），除此之外，你大可放心地忽略其他所有事。你不需要知道某國總統是否跟另一國總統碰了面握了手，也不需要知道在世界的某個地方是不是有兩列火車撞成一團。你的腦袋已經裝得夠滿，愈往裡面塞沒用的東西，保留給眞正需要知道的資訊空間就愈少。

假若你是建築師，你顯然也應該閱讀該領域的專業書刊，想當然耳，也必須清楚目前最新的、計畫中的建築法規變動。雖然要如何獲得這些資訊會因爲地區不同而有所差異，然而可以百分之百確定的是，不會是取徑一般的新聞網頁。此外，你或許也會讀些能讓你在美學及設計用語等方面溫故知新的雜誌和書籍。確實，有些專業雜誌眞的很貴，「關係重大性」得花錢。中國是不是把一部太空探測器送上了火星，你沒必要知道。省省時間吧。

每個能力圈都有一群與其對應，而且你無論如何都該接觸的特定專業媒體；而在你能力圈之外的，你則最好省略跳過。該使用 Google 嗎？假若是爲了搜索與你能力圈緊密相關的資訊，當然絕對該用，網路上深具價值的資訊滿滿皆是。不過你得有所警惕，瀏覽時不要一不小心就迷失在那些提供消遣但毫不相干的網頁裡。

現在你手中握了一把足以區分重要資訊與非重要資訊的利器。如果你始終以能力圈爲核心來組織你的生活，你將會確認這一點：你在新聞媒體裡所讀到、看到和聽到的，百分之九十九都對你不重要。跟它們一刀兩斷吧。

Take-away

你該確認自己的能力圈。關於專長，與其求廣，不如求深。所有與你能力圈有關的資訊你都該閱讀，而那些在你能力圈之外的，全都擱到一旁去吧。

10 新聞會錯估風險

對於顯而易見的、醜聞式的、聳動人心的、驚世駭俗的、個人相關的、喧鬧的、醒目的、兩極化的、變動快速以及色彩鮮艷的刺激，我們的中樞神經系統經常會過度激烈反應。相較之下，對於抽象的、多義的、複雜的、發展緩慢的、盤根錯節的、需要解釋的資訊，反應則是過度微弱。而製作新聞的人，就有計畫地利用了這種認知感覺失眞的現象。

那些新聞媒體，不論規模大小，採取的是最直接的手段。感人肺腑的故事、觸目驚心的照片、驚世駭俗的影片，以及令人目瞪口呆的「事實」，全都緊緊吸引著我們的注意力。而整個商業模式就是如此運作——所有贊助這場新聞鬧劇的廣告，只有在能被看見時，也就是隨著這些包圍它的花俏新聞被看見時，才能賣得掉。這樣做的後果，是所有感覺細膩的、複雜的、抽象的、發展較緩慢的、背景知識的報導，都被媒體，還有我們自己，有系統地逐漸隱藏起來。雖然這些內容對我們的生活以及對世界的理解，其實更爲重要。

就以下面的事件爲例吧：一輛車正從一座橋上開過，橋突然斷了。媒體會把焦點投射在哪裡呢？在那輛車子上。還有在車內的人身上。他是從哪裡來的、想到哪裡去、他如何經歷這場不幸（只要人還倖存）、他是個（或者在這場意外發生前曾經是個）怎樣的人。沒錯，這個人的命運是個悲劇，但是對我們，不認識這個人的我們，這些事情重要嗎？一點都不。眞正重要的是那座橋！橋的結構穩定度、是否還有其他這類建築結構和建材的橋樑存在，以及它們位在何處等等，這些才是眞正重要的——如此才不會有更多人再受到危害。重要的不是某輛車及某位駕駛。每輛車都可能導致橋樑斷裂，甚至一陣強風，或一隻從橋上遊蕩而過的小狗，都可能是最後一根稻草，能讓這座橋垮掉。但爲什麼媒體就是要報導那輛扭曲殘破的車子呢？因爲它看起來讓人毛骨悚然；因爲這樣比較能把故事扯到某個人身上；再者，因爲這樣的新聞製作起來比較省事便宜。

再來看另一個例子：財政局一位職員涉嫌詐欺，造成市政一百萬元的損失。此時媒體的焦點又會立刻落在這個人身上。他的祖宗八代及私生活都會曝光。他是怎麼長大的？是什麼促使他這麼做？他內心深處在盤算些什麼？他跟上司的關係如何？跟同事之間呢？然而聚焦在這個人身上是錯的，這整件事的重點應該是下列兩者：風險管理以及財政局的工作文化。這才是重要的事。草率馬虎的風險管理，以及一種與其呼應的工作文化，會不斷地製造出一個又一個騙子，而他們的生平、簡歷，根本都是次要的。

身爲新聞癮君子，四處遊走的我們，腦袋裡帶著的其實是一張錯誤的風險地圖。對於橋樑可能哪裡出了差錯、日後該如何修建、該由誰來負責這件事，我們全然無知。甚至在絕大部分的議題上，我們的評估也同樣偏頗：

- 高估恐怖主義，低估長期壓力
- 高估單一銀行的破產，低估國家財政責任
- 高估小甜甜布蘭妮，低估大氣研究結果
- 高估太空人，低估護士
- 高估鯊魚攻擊，低估海洋酸化
- 高估飛機失事，低估對抗生素的抗藥性
- 高估意見，低估行動

伴隨每日新聞消費而來的對重要性的敏感度，與眞實評估截然不同，而這會導致不當且具系統性錯誤的行爲。你在報章媒體裡所讀到的風險，並非眞實的風險。有不少人在電視新聞裡看見飛機失事的報導後，會有一大段時間不搭飛機，雖然這種事極少發生，而且不該成爲徹底改變行爲的理由。

或許你會說，不是只要能意識到這個事實，並以理性來消費新聞就好了嗎？錯。你沒辦法透過有意識地靜觀與理性地評估，補救這種傾向於高估感人故事的現象。我們的腦波太弱，無法成功做出區隔，即使是最有理由據實評估風險的銀行家和經濟學家，都沒辦法做到這點。所以現在你知道了，解決的方法只有一個：讓自己徹底脫離新聞消費。想利用一張錯誤的風險地圖來變聰明，別白費力氣了。把它丟掉吧。

Take-away

消費新聞讓你在腦袋裡建構出錯誤的風險地圖。不要依據新聞來下判斷，只參考真實的風險。而事件的真實風險，你會在書本、統計以及研究較為透徹的長篇文章裡發現。

11 新聞不過是在浪費你的時間

新聞消費的成本過高，因爲它是種浪費時間的行爲。時間是同時從這三方面虛耗的：首先，消費得花時間，也就是當你在讀新聞、聽新聞、在電視機旁追新聞、在筆電和手機上上上下下滑新聞時，你浪費了時間。其次，重新聚焦需要時間，即所謂的轉換模式成本，也就是當你終於能重新專注回到被新聞分心前手上做著的事情時，你已經又損失了一些時間。最後，新聞對你的專注力的干擾，會在你消費過它之後持續良久，好幾個小時過去，那些新聞內容和畫面依舊在你腦海中陰魂不散，反覆打斷你的思路。

稍微估算一下吧：早上你翻閱報紙，中午收聽廣播新聞，晚上則收看《今日新聞》。至於上班期間，每當你覺得有一點累，想讓自己偷閒片刻時，你就會離開工作畫面，點開最愛的新聞網頁來瞄幾眼，這時間你也該算上。然後再加上那些你偶爾用來「犒賞」自己，用手機和社群媒體進行的無傷大雅的一點點新聞消費。以上全部統計起來，就是你消費新聞的時間。根據美國皮尤研究中心（Pew Research Center）的民調研究機構估算，這段時間約爲每天五十八至九十六分鐘之多。順帶一提：教育程度愈高，每天的新聞消費也就愈多。

現在加上你重新聚焦所需要的時間吧。每次你都得再集中精神重新思考，剛才的工作究竟做到哪裡了？那份文件又儲存在何處？在新聞佔據你的注意力之前，你原本打算接著處理什麼？僅僅是重新聚焦這件事，每次就會奪去你兩三分鐘的時間。

然後把兩次各五分鐘的時間也算上吧。這是你用來思索在你腦海中揮之不去的故事的時間，譬如一些報導火車意外的影像畫面。因此，總的來說，你每天至少得花掉一個半小時。

聽起來不會很多嗎？一星期之後，你損失的會是一整個工作天。如果我們嚴格一點計算，一年累計下來，至少會耗費一個月的時間。是的，一整個月！我的一年仍有十二個月，而你（假若你消費新聞）則只有十一個月。爲什麼要這樣對待自己呢？你能具體證明自己耗費這些時間，能夠換得等價的東西嗎？對這個世界更加理解了嗎？在自己的能力圈內得到成長了嗎？能做出更明智的抉擇了嗎？精神變得更集中了嗎？內心更平靜祥和了嗎？

從全球的尺度來看，這種在時間上的損失巨大無比。就以二〇〇八年發生在孟買的恐怖攻擊爲例，在一場只爲展現個人狂欲的行動中，恐怖份子殺害了兩百個人。想像一下，假使有十億人平均花一小時的時間關注這場悲劇：他們密切地追蹤新聞，看電視上的某個評論者滔滔不絕地發表意見。這個估算完全符合現實，因爲印度本身的人口就超過十億。許多人可能甚至會花上一整天的時間在關注這起事件的發展。不過我們就先估算得保守一

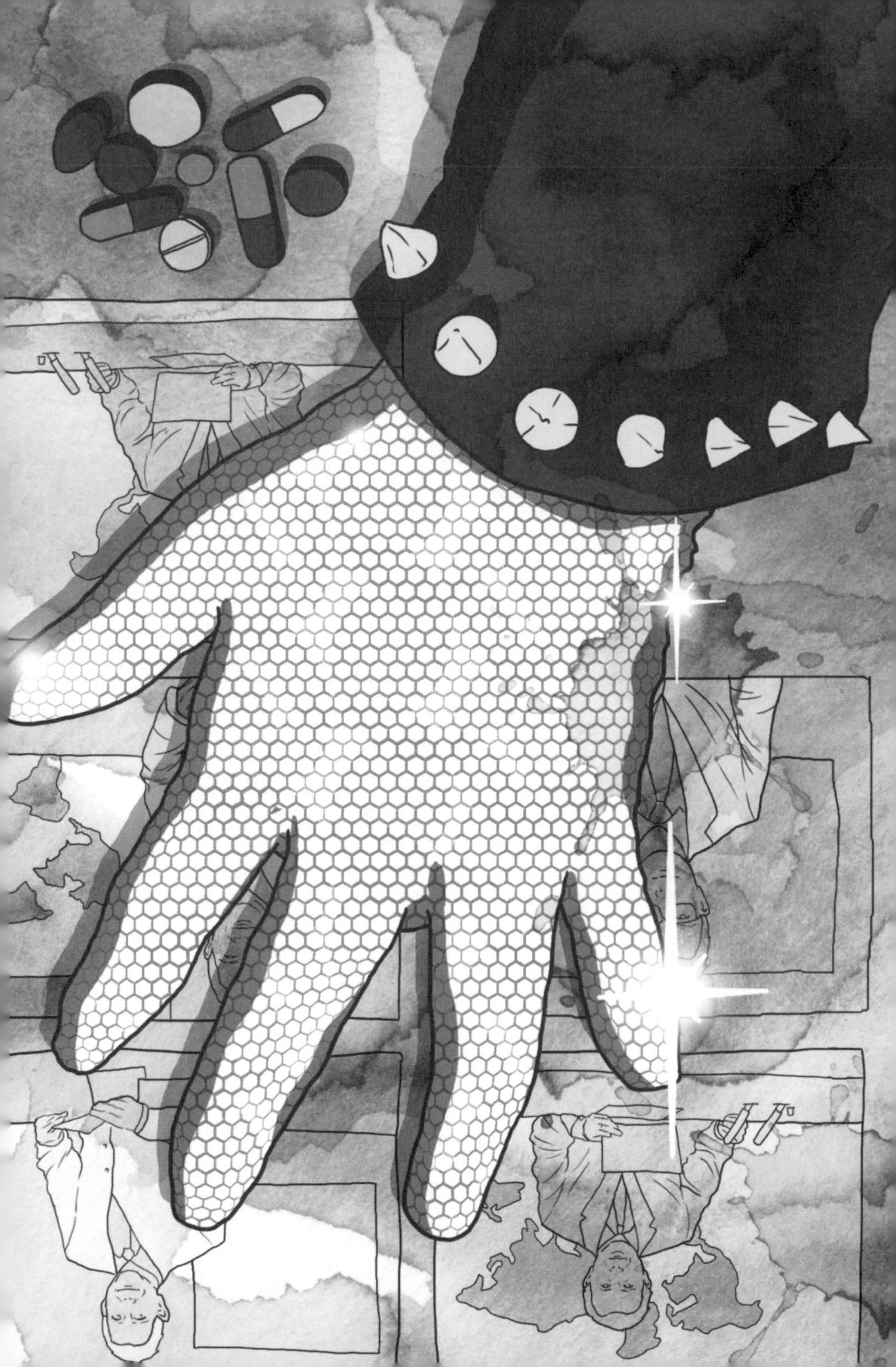

點，十億人乘上分心一小時，結果是分心了十億個小時，等於超過了十萬年。全球人口的平均壽命是六十六歲，從經濟範疇來考量，也就是有兩千個人的生命，因為新聞消費而「浪費掉」了，而這是在恐怖攻擊中失去生命的人的十倍。從某種意義上來說，新聞組織在無意間變成了恐怖份子行動的幫凶。當然，把新聞消費的受害者拿來與恐攻受害者相提並論，似乎太大膽放肆。然而一個令人遺憾的事實是：恐怖份子需要新聞媒體。這點我們在第二十八章會談更多。有關我們所損失的時間，更極端的例子發生在麥可．傑克遜的死訊傳出時。他的逝去對他的親人以及最忠實的粉絲可能是個悲劇，可是對大部分的我們來說，根本不痛不癢，然而我們卻在那上頭浪費了好幾百萬個小時。

資訊在今日已不再屬於匱乏性資源，反之，專注力才是。可是為什麼你對它如此不負責任？你對自己的健康、名聲或財富可不會這樣揮霍無度吧。兩千年前，偉大的哲學家塞內卡（Lucius Annaeus Seneca）就曾驚訝地表示：我們在關係到自己金錢的事情上非常吝嗇，但對於時間卻極度奢侈浪費——雖然時間其實是我們唯一該吝惜的財富。

我一生至此讀過無數有關時間管理的書，也嘗試執行過其中不少建議。然而在試過所有好意要幫你節省時間的方法後，我的結論是：要贏回你生命中的時間，沒有比放棄新聞消費更簡單、更有效的方法。❦

Take-away

如果你希望每年都能獲贈一整個月的時間，用在你的家人、興趣和事業上，你就該放棄新聞。沒有任何其他事能夠奉送你這麼多時間。

12 新聞限制了你的理解力

新聞並不具備解釋能力。快訊短聞更像是微微閃光的細小肥皂泡沫，它們附著在這個複雜世界的表面，終究會破滅。也因此，新聞業者常常非常自豪於正確報導事實的這一點才顯得更加荒謬。他們所謂的事實，通常不過是更深藏的原因的附帶現象或後遺症。即使每天都接收了一堆來自敘利亞的最新畫面與新聞報導，你對這場戰爭的了解，也不會有絲毫進展。甚至還適得其反。來自戰場的影像與前線的報導愈是鋪天蓋地地襲來，你就愈無法理解戰區發生了什麼事、這一切到底又是爲了什麼。新聞業者與消費者犯了同樣的錯誤：我們把「將事實排列出來」，與「洞察世界各種作用的關係」混爲一談。「事實、事實、更多的事實！」（Facts, facts and more facts）——幾乎所有的新聞業者都恪遵這條引人誤入歧途的信條。

我們應該要試著理解「發生器」，也就是眼前這件事眞正的成因；此外也應該要探究爆出這些新聞事件的「機房」現場。可惜能夠解釋事件因果關係的新聞記者數量卻令人不忍卒睹、出乎意料地少。決定重要文化、思想、經濟、軍事、政治以及生態事件發生的作用，大部分是隱而不現的，它們錯綜複雜又非線性發展，對我們的腦袋而言，實在很難消

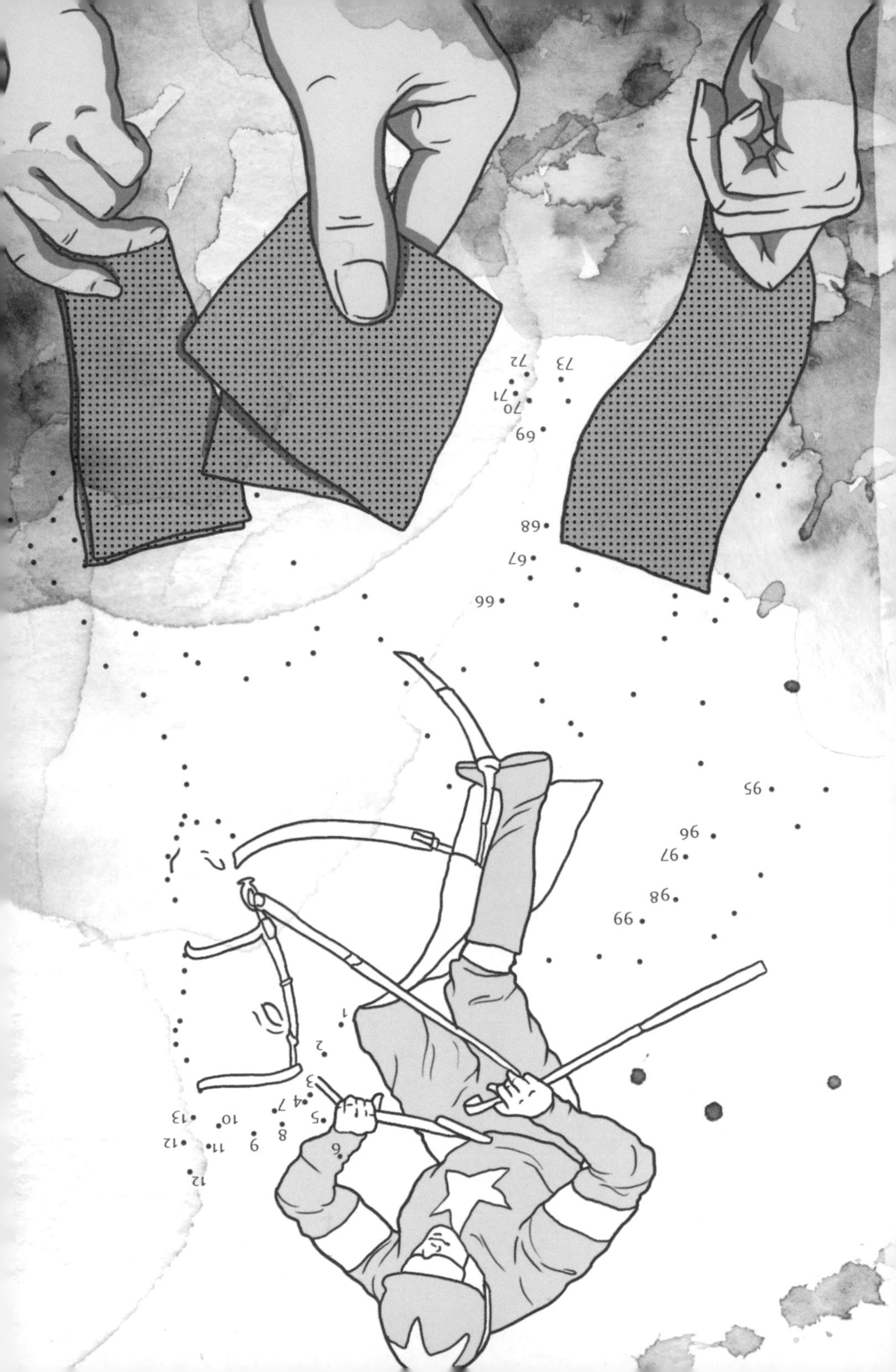

化。也因此，新聞業者瞄準的是簡單輕鬆的題材：趣聞軼事、醜聞、名人故事和災難畫面。這些製作起來既省錢又容易理解。

然而，即使是那些極少數了解「機房」內情，並且可以對此寫些東西的新聞記者，也得不到發表的空間，更別提有思考的時間。原因：比起像吃正餐一樣閱讀一篇深入分析報導的文章，讀者大眾更愛消費十則像點心零食一樣的短聞。十則勁爆小醜聞並排所能吸引到的注意力，要比一篇內容等長的聰明文章更多，廣告收益當然也更豐厚。

你肯定知道我們小時候讀的益智書刊裡有一種空白頁吧，那上面除了許多編有號碼的小黑點之外，什麼都看不到。你的任務是用筆按照號碼順序把點連接起來，然後上面的圖案就會顯現。新聞報導就跟那些小黑點沒兩樣，只不過沒有人花精神去把它們連接起來，以找出謎題的答案；所以不管你消費了多少新聞報導，眼前都不會出現圖案。

想看到整個圖案，你需要連線，具體來說：歷史的脈絡、事件彼此的相關性、反饋作用、立即效應——以及這波效應再度引發的後續影響。然而新聞記者不管這些，於是新聞變成了「理解世界」的相反詞，它們讓人覺得這個世界就只有事件——沒有關連性的事件，也就是「事實、事實、更多的事實」。

然而現實與此相反，幾乎所有發生在這個世界上的事，都是複雜的。把它們以獨立現象的方式來呈現，是個謊言——一個由新聞製作者所散播，而新聞消費者讀得津津有味的謊言。爲了「理解世界」而消費新聞，結果卻比完全不消費新聞還要來得糟，這何其不幸。美國開國元老之一湯馬斯・傑弗遜（Thomas Jefferson）在一八〇〇年時就已經體認到，他說：「那些從不閱讀的人，比除了報紙之外什麼都不讀的人知道的還多。」事實會妨礙你思考，你的腦袋會因爲淹沒於事實中而窒息。消費新聞會使你產生一種自己理解了這個世界的**錯覺**，而這種錯覺會讓你**高估自己**（用英文術語來說，就是Overconfidence——過度自信）。

史丹佛大學（Stanford University）的保羅・斯諾維克（Paul Slovic）教授在一個知名的研究中，透過不斷提供職業賭馬人更多關於跑馬的訊息，測試賭馬下注的決策品質。他不僅問那些賭馬人認爲哪匹馬會跑贏，也問他們對自己所下的評估有多大信心。結果呢？研究顯示，提供更多關於個別馬匹的訊息（完全是一些可想而知的資料），對賭馬人下注的品質雖然沒有影響，但對他們自信的程度卻影響重大。他們原本應該抱持的謹慎、質疑以及謙虛，完全被這波資訊流給掃蕩一空。應該周全慎重的評估，突變爲斬釘截鐵的認定。

親愛的讀者，你不想變成這種新聞過量下的犧牲品吧？你知道你的決策品質，會因爲「事實、事實、更多的事實」而下降。放棄新聞吧，開始接受你是沒辦法就這樣了解世界的。這會讓你更謙遜，獲取知識時會更謹慎小心、更深思熟慮，而不會掉進過度自信的陷阱裡。

「沒人知道發生了什麼事，而報紙只是假裝它們都知道，日復一日。」早在四十年前，有著敏銳洞察力的馬克思．弗里施（Max Frisch）[4]就已經這樣寫過。講究即時性掩蓋了理解的重要性。所以你最好徹底放棄每天的新聞輸入，轉而閱讀能夠忠實反映這個世界之錯綜複雜性的書與長篇文章——沒有譁眾取寵的標題、沒有翻湧著「事實」的噴泉，也沒有缺乏連線的小黑點。不用幾個月，你對世界的理解將更爲透徹，而這是你應得的獎勵。

Take-away

新聞所傳達的，正好與促進對世界的理解相反。跟這些鋪天蓋地灑下的絢麗新聞彩紙道別吧，請讀好書與篇幅較長的好文章，它們能滿足你一睹世界「機房」是如何運作的願望。

4 譯註：馬克斯．弗里施（1911-1991），瑞士建築師、劇作家和小說家，是二次大戰後瑞士德語文學最著名的代表，也是當代最負盛名的德語作家之一。

13 新聞是你身體的毒藥

想像有兩種假想動物，會讓動物A的大腦有所反應的主要是負面訊息，而動物B的大腦則相對地會在接收到正面訊息時活躍起來。請問誰的日子會過得比較好呢？當然是B，相對於A一輩子都得受壓力及憂慮之苦，B盡情享受自己生命的陽光面，對於所見所聞的一切美好滿心歡喜，對所有負面事物都一笑置之。而誰會活得比較久呢？當然是A。那內心陽光得令人羨慕的B，在短短幾個月內就會從基因庫裡被除名。能夠存活下來的就只有A。爲了生存，動物得時時刻刻保持警戒，亦即要過度敏感地反應負面訊息才行。而我們就是動物A。

比起好消息，壞消息更容易會被認爲是重要的。因此負面訊息在我們身上產生的效應，會是正面訊息的兩倍強。心理學家把這種現象稱爲**負向偏誤**（Negativity Bias），在一歲小孩的身上，就已經觀察得到這種行爲傾向。嬰兒對負面刺激的反應，比起正向刺激，顯得更爲敏感。大人的狀況也是一樣。一支跌了百分之十的股票帶給我們的不愉快感，強度會是漲了百分之十的股票所帶給我們的快樂感的兩倍。負向偏誤的特質是與生俱來的，也就是說，新聞媒體並沒有在我們身上偷偷植入這種對負面訊息的偏好，他們只是手法精湛地操弄它。新聞媒體傳送給我們的，是專爲我們鬱結愁悶的腦袋量身訂做的連篇駭人故事。

新聞會讓交感神經——自律神經的一種——保持忙碌，每一則攪動你情緒的故事，都會促使你的身體分泌出壓力荷爾蒙皮質醇。它在血管中流動，不管量多量少，都會削弱我們的免疫系統，並抑制生長荷爾蒙的製造。所以在消費新聞時，你等於是讓自己置身在一個壓力鍋當中，而長期的壓力又會導致消化機能與生長機能（細胞、頭髮、骨骼等等）障礙、緊張不安以及容易感染疾病。新聞消費的其他潛在副作用，還包括焦慮恐懼、具侵略性、眼界狹隘與情緒上的無感。簡單說，新聞消費者等於是拿自己的身心健康在開玩笑。

根據美國心理學會（American Psychological Association）的研究顯示，有一半的成年人深受新聞消費引發的壓力症候群所苦。這點並不令人意外，因爲在過去的十年裡，有兩件事產生了劇烈的改變：首先，我們消費了明顯比過去更多的新聞，而這得拜無所不在的智慧型手機及電視螢幕之賜。在美國，每十個人當中，就有一個會每小時看一下世界新聞，在訂閱了社群媒體新聞的群眾裡，這個比率還要更高。再者，新聞呈現的方式愈來愈花俏刺眼，也愈來愈驚世駭俗。《實驗精神病理學期刊》（*Journal of Experimental Psychopathology*）的主編格拉翰・戴維（Graham Davey）教授確認，上述這兩種轉變有害於新聞消費者的精神健康。一些新聞影片的刺激效果是如此強烈，竟然會引發人們的睡眠障礙、情緒波動以及攻擊性行爲這類急性壓力症狀，或甚至出現創傷後壓力症候群

（PTSD）。

舉凡是人，便各有各的煩憂。偶爾它會擊倒我們，讓我們束手無策。但在一個健康的生活環境裡，存在著許多能讓我們妥善應付這種困境的方法（我在《生活的藝術》一書中曾描述過）。不幸的是，新聞消費把這些對策的效果全都一筆勾銷。戴維教授指出，負面的電視新聞報導加深了個人煩惱，即使這些新聞報導跟你個人的煩惱根本八竿子打不著。

想活得健康，得要有意志力。清晰的思考、有效率的工作、健康的飲食、保持身體的活力，都需要意志力。可惜隨著壓力增加，我們會愈加意志消沉，而這會導致行爲上的怠惰拖延（也就是拖延症）。人會開始傾向於做些輕鬆愉快但不重要的事，以取代那些不怎麼輕鬆愉快但卻重要的事。舉例來說，不去健身房做揮汗累人的鍛鍊，而是在新聞網頁之間流連忘返。於是一個惡性循環開始了：新聞消費帶來慢性壓力，而壓力會削弱人的意志力；意志力愈薄弱，人們就更喜歡多花一些時間流連於網路世界中；而這又會帶來更多壓力，並進一步瓦解人的意志力。

結論再明確不過：新聞消費降低了你的生活品質。你的日子會過得更有壓力、更體弱多病，而且還會死得更早。這是個特別令人難過的消息，但至少它已經贏得你的注意。❦

Take-away

新聞消費所帶來的副作用不僅會發生在精神上，也發生在身體上。你的生活壓力已經夠沉重，不要再往自己身上添加人為壓力了，這對你絕對沒有好處。你的身體會感激你的。

14 新聞讓我們錯上加錯

人們經常會系統性地反覆誤踩的思考陷阱大約有一百二十個，關於這些思考偏誤，我在《思考的藝術》與《行爲的藝術》這兩本書中已有所描繪。我們經常會違背理性、偏離理智來思考與行動，這種思考上的謬誤，會降低我們在工作和個人生活上的決策品質。然而新聞所做的，不僅遠遠說不上幫我們釐清，甚至還加深了其中某些謬誤。

就拿思考謬誤之父，所謂的「**確認偏誤**」（Confirmation Bias）爲例，請問：「三、六、九、十二……下一個數字應該是？」假若你的思考邏輯跟大部分人一樣，你的答案會是「十五」，然而你也可以回答「十四」或「五十二」。「不對，」你肯定會如此反駁，「這裡的規則，可是清清楚楚的三的序列！」可以是，但不必然是，因爲這個數列的規則，也可以是「後面的數字必須大於前面的」。所以這到底是怎麼一回事呢？事實是：你一眼看見這個整齊漂亮的三等差値，就被這點牢牢套住，從一開始就不考慮所有其他可能性。

這種行爲完全正常。我們會自動忽略與自己最偏好的觀點有所抵觸的線索，而過度輕易地接受和自己的理念不謀而合的訊息。在找數列答案上，這個問題還算無關緊要，比較危險的是在政治觀點上，或當事情涉及金錢時。我們很擅長把所有的新資訊，都以合乎自己現有觀點的方式來加以詮釋，於是你消費愈多新聞，就會愈頻繁地發現那些能肯定你自己觀點的資訊，即使你的見解可能根本就是錯誤的。今天的新聞不再具有像鑽探井那樣的功能，它們不再揭穿錯誤的觀點（過去人們所能得到的新聞還極爲有限的時期是如此），反而愈發積非成是。另外，在這方面最糟糕的新聞來源，就是那些已經將確認偏誤以篩選功能的形式寫進演算法裡的社群媒體——臉書顯示給你的，正是根據它所推測的你喜歡看、喜歡聽的東西。你搜索不到不同的見解，即便你的「臉友」應該會有一些不同看法。

確認偏誤最致命的危險，是它對意識型態的影響。意識型態是大腦所製造的最愚蠢的東西之一，基本上，它就是一種人爲自己建造的思想監獄。意識型態等於是意見的十次方，傳遞的可說是成套的觀點，而這建構出人的整個世界觀。它對大腦的作用就像強烈電流，會讓人做出一堆非理性的短路行爲，並讓我們的理智保險絲燒個精光。所以你要不計代價地避開意識型態與教條，特別是你覺得對某種看法頗有同感時。意識型態是錯誤的保證，它使你的世界觀變得狹隘，誘使你做出後果不堪設想的決定。而新聞會加劇確認偏誤，然後成爲塑造意識型態的幫凶。此外，這也正是我們在人們討論政治時觀察得到的：在被鋪天蓋地的新聞轟炸過之後，群眾的意見會分裂並趨向兩極化。

至此一切都還算清楚，只不過問題出在，人根本不會注意到自己是在什麼時候掉進了意識型態裡。如果你遇到某個人在言談中表現出教條化的跡象，向他提出這個問題吧：

「請問你得見證哪些具體事實，才會放棄自己的世界觀？」如果你無法得到答案，就該對這個人敬而遠之。對他們的意見亦然。

你可不要過於自負，認定自己不會受影響。懷疑自己太過靠攏某種教條時，也對自己提出同樣的問題吧。你該尋求反方的論點，而且是以下面這種方式：想像你跟另外五位貴賓一同受邀參加一個電視脫口秀節目，而他們全都站在跟你針鋒相對的立場上。只有在面對五個立論充分的反方，都還能具說明力地捍衛自己的立場時，你的意見才算眞正有價值。

就算你的腦袋並沒有被某種意識型態給吞噬，你對這個世界還是會很自然地抱有某種觀點，不管是針對股票市場、鄰居的狗、對上司的心理狀態，或是應對競爭對手的策略。即便如此，你的確認偏誤還是會增加。就算是在形式上較輕微的人性弱點，新聞消費還是得以使之惡化。爲什麼？因爲我們總是能從那排山倒海數不清的新聞裡，找到足夠的材料來支持自己的理念——即使它錯得如此離譜。其後果是我們傾向於高估自己，在心智上變得盲目，冒愚不可及的險，然後錯失良機。❦

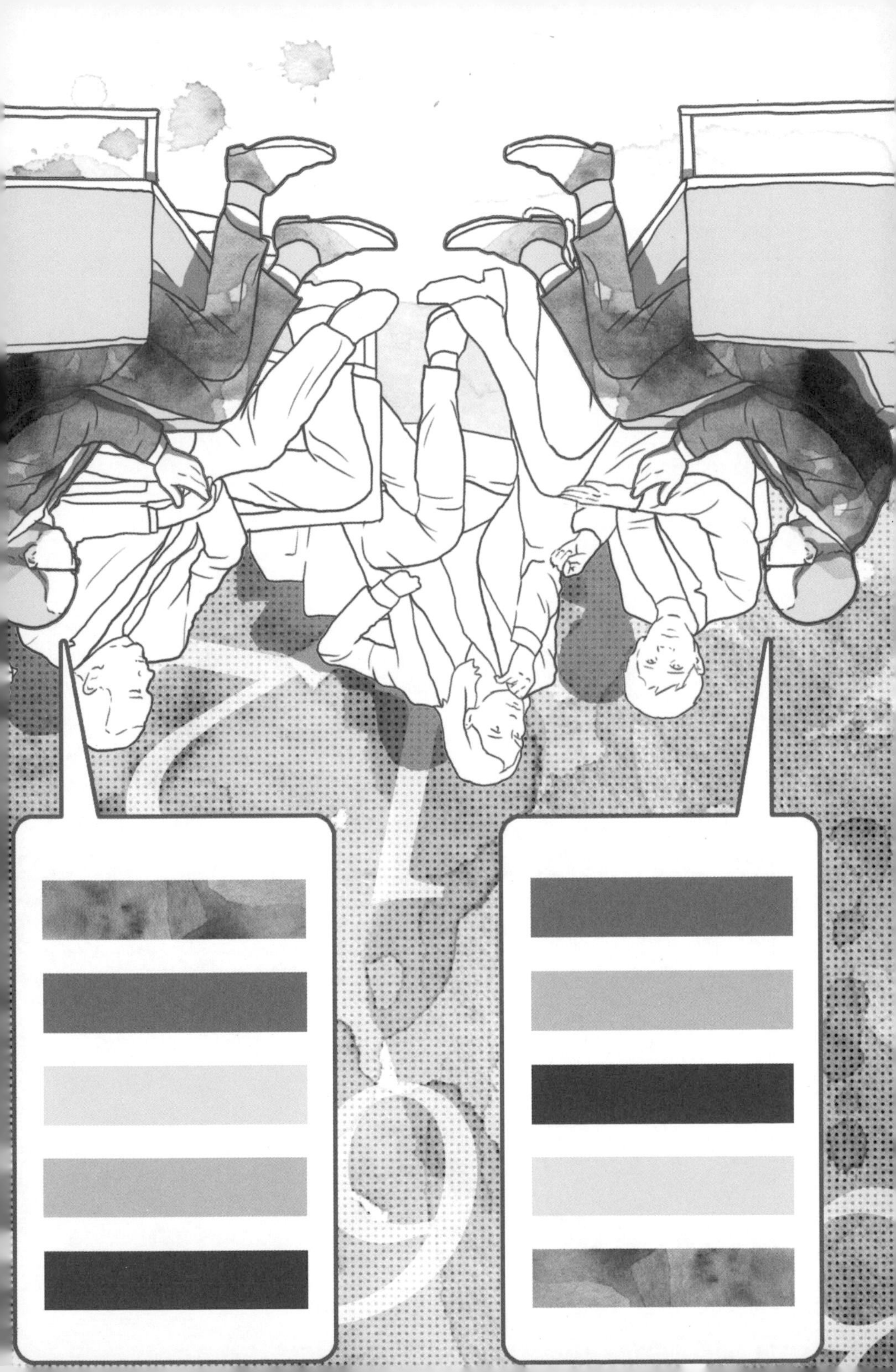

Take-away

新聞會讓「思考謬誤之父」——也就是確認謬誤——更加嚴重。為了做出更好的決策，你該自覺地質疑自己最偏好的理念。不過要做到這點，你得先放棄那無所不在的新聞才行。

15 新聞加劇了後見之明偏誤

這個世界是一團複雜且動態的混亂。因果之間並非直線性相關，幾乎不管任何狀況，都是成千上百個因素共同作用後所產生的某種特定結果。而這個結果，又經常會反過來對個別因素產生作用。

以二〇〇八年的金融危機爲例，下面這一堆既存事實的混合體，就是造成整個金融體系崩解的毒酒：瘋狂的股市炒作、高額的個人抵押貸款、普遍深信房價將居高不下、銀行的負債率、合成的有價證券商品（有著像「不動產抵押貸款證券」或「債務擔保證券」這類撲朔迷離的名號）、針對人工有價證券的保險商品（其名號聽起來更糟）、信用評級機構的犯罪行爲、提供抵押商品機構的犯罪行爲、歐洲投資人對美國債券過大的胃口、大西洋此岸和彼岸同樣馬虎鬆散的銀行監督機制、不合時宜的風險控管模式、準國家擔保狀態等等。

回想起來，這一切似乎再清楚不過，因此我們會產生一種錯覺，認爲像這樣的危機，是可以理解也可以預見的。這種現象被稱爲**後見之明偏誤**（Hindsight Bias，約等同於德文中的 Rückschaufehler[5]）。然而，在當時的颶風中心裡，根本沒有哪件事是清楚的。而且令人遺憾地，在下一次危機來臨時，情況也會同樣渾沌不明。

想當然耳，沒有新聞，我們還是會掉進後見之明偏誤裡。只是新聞消費會讓人更容易犯這種思考上的錯誤，而且新聞報導愈短就愈危險。

新聞必須極度簡短，卻又得講述一個故事，這必須透過令人髮指的簡化程序才辦得到。不管發生了什麼事——單純的腳踏車意外或全球經濟危機——它一律只會用一兩個原因來做說明。而其他的幾十個原因、這些原因之間的相互作用、事件與原因之間的反饋效應（增強或減弱作用），則全都避而不談。於是新聞消費者會產生一種錯覺，他們眼中的世界，會變得比它眞實的面貌更簡化，也更容易分析理解。他們決策的品質也會因此被這種偏誤拖累。

但若你放棄新聞，只讀特定主題的長篇文章、書籍，或多與專家討論，你對各種相互關係的認識，會貼近事實得多。而且你不會掉進「要理解未來乃輕而易舉」的錯覺裡。

可是關於這點是知易行難。因爲我們的大腦渴望接收的，通常是能簡單、明快地讓人感覺「有道理」的故事，是否反映事實倒是其次——而新聞記者就喜歡提供給我們這類僞故事。他們不報導「股市跌了百分之一」，而是對我們說「因爲 X，股市跌了百分之

5 譯註：意為「回顧的錯誤」。

一」，這個X通常是個老掉牙的因素：預期獲利有所變動、擔心歐元匯率、就業市場統計公佈、央行的某個決策、恐怖攻擊活動、地鐵人員罷工、兩位總統握手致意……反正總是這些。不過事實上，根本沒有這個單一的X因素。因爲內容必須縮簡，新聞在立論上無可避免地變成了一派胡言。

這讓我回憶起我高中時代的歷史課本，那上面寫了三個法國大革命爆發的原因（不是兩個，也不是七個）。那三個原因是什麼我忘記了，不過也無所謂，因爲無論如何，它們都只是部分原因，也沒有人會確切知道眞正的原因。我們不確知爲什麼會發生法國大革命，對於它爲什麼偏偏發生在一七八九年，我們知道的更少。而股票市場爲何如方才所發生地那樣變化，我們同樣所知有限。那當中有太多因素在作用著。我們也不確切知道爲什麼一場戰爭會爆發、爲什麼一種科技會有所突破，還有爲什麼巴塞隆納隊會打敗馬德里隊。每個寫出「因爲X，所以市場有這樣的發展」，或「因爲Y，所以這家企業破產了」的記者，若非是個笨蛋，就是在愚弄他的讀者。當然了，X和Y可能是影響因素，然而即使我們先完全撇開或許還有其他影響更大的因素存在，這樣寫還是口說無據。新聞經常被包裝成一種「分析報導」來販售，但它們根本是在報導奇人軼事。

抗拒這種以如此廉價的方式來解釋世界的誘惑吧。那完全就是一種錯誤，只會妨礙你進行眞正嚴肅的思考，並剝奪你至少能對這個世界多一點了解的僅有機會。❦

Take-away

身為新聞消費者，你會產生一種錯覺，你眼中的世界，會比現實中更簡單，也更容易分析理解。比起接收那些短聞傳達給你的狗屁不通論點，寧願自己用腦袋好好思考。

16 新聞放大了現成偏誤

請你快答：說出一種花、一種顏色和一種寵物！

好了嗎？如果你動腦筋的方式跟大部分人一樣，你說的應該會是「玫瑰」、「紅色」以及「狗」或「貓」，雖然世界上有成千上萬種不同的花、好幾十種顏色，肯定也有幾百種不同的寵物。上述現象叫**現成偏誤**（Availability Bias），我們會想到的，是眼前現成可得，或已經在我們腦袋裡備用的東西。

在《思考的藝術》一書中，我曾經詳細地介紹過現成偏誤。現成可得的事物，對於我們如何做決策，有著強烈的影響力。每個決策都奠定在一個決策基礎之上，這個基礎又由資訊所構成。爲了方便起見，我們總是傾向從大量資訊中找出最現成的訊息，而不是那個或許更重要，但得先研究一番的。來自經濟領域的例子：企業會依據例行議程上的要點來執行管理，而不是依照那些可能更重要，但非例行的要點。來自政治領域的例子：我住在伯恩，這個瑞士的首都不算太大，因此你免不了會認識幾個任職於政府機關的人。一個高層公務人員跟我說過，在聯邦委員（也就是瑞士的部長級人士）每週的簡報會議上，所有的人都會先一頭栽進媒體評論裡。這讓他大傷腦筋，因爲他得不斷提醒眾人，還有比那些

新聞評論更重要的議題在等著。新聞具有一種能搶先鑽進你意識中的可怕力量，而這使人幾乎不可能做出理性的判斷，尤其在經濟和政治方面。

換言之，如果你消費新聞，等於是冒險拿新聞作爲決策基礎。即使那些報導在主題上，幾乎跟你正在做的事沒半點關係。你不會意識到它是怎麼發生的，舉例來說，你聽到地球的另一端有飛機失事的消息；隔天，你有個機會可以飛去倫敦完成一筆可能的交易，但是你不想搭飛機，於是你讓這次見面的機會告吹，雖然墜機新聞跟你要飛去倫敦這件事完全無關。

新聞好整以暇地待在我們的腦袋裡，我們也喜歡在裡面流連忘返。它的畫面、影片以及標題愈灑狗血，就愈能在我們腦袋裡佔據更多空間。新聞就這樣盤踞在我們思維的最前端，相較於所有像統計數據、歷史參照和複雜的正反兩方論點等其他資訊，更容易被取得使用（也就是更「現成」）——即使作爲決策基礎，其他資訊或許遠比新聞要好得多。

誰定下了議題，誰就有主導討論的權力。讓新聞記者來決定你該做什麼，未免也讓出太多權力給這些人主導你的人生。親愛的讀者，你希望在你人生駕駛艙裡掌舵的人是自己吧？不要把方向盤讓給那些壓力很大、靠寫東西來賺錢的人。他們喜歡把「不可得的」和「不存在的」混爲一談，因爲他們既沒有預算，也沒有時間去搜尋有價值的資訊。而我們消費者幾乎是不明究理地自動接收了這種混淆不清。

在新聞記者身上還看得到第二種嚴重的混淆，他們顯然也把「預防性的」當作「不存在的」來看待。阻止意外發生的英勇事跡，也就是具有預防效果的行爲，在新聞記者眼中絕大部分是不存在的。派一位記者去採訪剛發生的救火行動是理所當然的事；然而要報導因爲某人謹愼小心而免除一場祝融之災，就不是那麼言之成理了。雖然相較於遏止火災，與火苗奮戰是相對無益的事。假設有人成功說服了美國飛航當局，在所有飛機的駕駛艙都安裝防彈門與防彈鎖，並因此免除了一場像二〇〇一年九一一事件那樣的攻擊，但應該不會有任何一位記者會針對這個人或這個點子寫出任何東西。新聞會報導緊急醫療行動、企業經營惡化或戰區救援行動，但不會報導免除這些狀況出現的行動。每一天都有數以百萬計的人做出了英勇行爲——把高速公路橋樑建造得堅固無比，不讓它倒塌的工程師；在夜晚及濃霧中讓飛機成功降落的機師；在正確時刻幫孩子對症下藥的母親。所有這些作爲都具有預防功能，所有這些作爲都非常明智，所有這些作爲都充滿社會價值。然而所有這些作爲，不論是在新聞記者或新聞消費者眼中，都是不可見的。我有個建議：諾貝爾獎也該頒發一個「預防勝於治療」獎。

令人遺憾地，新聞記者還會犯第三個混淆不清的錯誤，他們也會把「缺席的」看作「不重要的」。有時候那些缺席——也就是沒發生——的事，正是關係重大的事。譬如已經被預測了十年，但沒發生的通貨膨脹；或是自二〇一〇年起就有人預測但沒發生的歐元崩盤危機；或是根據統計，有極高的爆發可能性，但卻沒發生的全球性傳染病。記者的感官只對「發生了的」事才敏銳，他們似乎有一種內建的失能症，大腦沒辦法登錄「缺席

的」事件。結果是他們錯過了那些雖然不吠，有天卻會狠狠咬人的狗。❦

Take-away

新聞記者有內建的盲點，然而這並非他們的過錯，而是整個新聞業的經營模式所致。他們把「不可得的」和「不存在的」、「預防性的」與「不存在的」、「缺席的」與「不重要的」皆混為一談。不要懷抱這些盲點，放棄新聞，學習重新看清一件事吧。

17 新聞把意見攪得沸沸揚揚

你對基因改造的小麥有何看法？你認爲我們需要管制人工智慧的法規嗎？對於自動駕駛，你的立場是？你贊成放寬軟性毒品嗎？

聽到這些或類似的問題，即使對該議題並不在行，你的大腦還是會立刻自動產生見解。這座意見小火山完全是自行引爆，不受控制，它與一種典型的行爲謬誤有關：我們習慣對一些實質問題提出見解，儘管對於這些問題，（1）你並不是眞正感興趣；（2）無法從根本上回答；（3）對我們簡單的腦袋而言太複雜。接下來我會就每一種情況舉例說明。

關於情況一，你並不是眞正感興趣，這裡有個例子：幾年前的某一天，我突然察覺自己正針對一個禁藥醜聞激動地發表高見，但當時我並沒有關注醜聞所涉及的，或任何其他運動，也不清楚事件主角是否能夠，或要如何達到他們的成績。其實我大可不必提出那些見解，也不需有因這件事而連帶產生的激動情緒。我還記得，當時我只不過是不小心瞄到一則新聞，所以才撞上這個話題。沒有新聞，我內心的那座意見小火山會繼續平和地休眠。

關於無法從根本上回答這一點，就像：明年夏天天氣會很棒嗎？瑞士有個非常偏僻、名叫穆奧塔塔爾（Muotathal）的山谷，當地有些村民自稱「穆奧塔塔爾天氣好鼻師[6]」（你可以去 Google 一下），他們就給自己指派了這樣的任務。他們會根據螞蟻、松杉樹的毬果以及類似的東西來預測一整季的天氣。這不是開玩笑。這些脾性古怪的山村農民這麼做，並不是因爲呆頭呆腦，他們可知道怎麼善用媒體了。想當然耳，那些天氣好鼻師的預測大部分是錯的，他們自己極可能也都心知肚明。然而這些人也知道，報紙和電視台很喜歡採訪報導他們，簡直是求之不得，所以還是自顧自地繼續在騷動起鬨聲中，向林蟻請教天氣狀況。事實是：沒有人會知道明年夏天的天氣。你沒必要只是因爲某座山谷裡有座火山爆發了，便把注意力擺在那上頭。

最後我要用來說明情況三——有些問題對我們的腦袋而言太過複雜——的例子是：在未來的二十年內會爆發世界大戰嗎？這根本不可能說得準。然而身爲新聞消費者，你卻幾乎每天都得接收某則有關中、美兩國之間關係更爲緊繃的報導。這意謂著這兩大強權間不久會爆發戰爭嗎？我們唯一能夠肯定的是：這個可能性大於零，小於百分之百。媒體對地緣政治緊張關係的報導密度，與眞正發生一場世界大戰的可能性，沒半點關係。

然而我們往往傾向於先立刻選邊站，特別是在回答困難的問題時，接著才會徵詢自

6 譯註：瑞士德語中的Schmöcker有嗅覺靈敏、聞得到天氣之意，與閩南語的「好鼻師」意思相近。

己的理智與判斷力，以尋找能支撐自己立場的理由。這種現象，與所謂的**情意的捷徑**（Affect Heuristic）有關。情意是一種立即的、單面向的感受，這種感受極爲表面，而且只有兩種表現形式，不是「正面」就是「負面」；不是「喜歡」就是「不喜歡」。我們看到一張臉：喜歡；聽到一件謀殺案：不喜歡；週末出太陽：喜歡；下雨：不喜歡。這種情意絕對有它的合理性，只不過不是發生在面對困難的問題時，因爲在這種情況下，我們會把它跟正確答案混爲一談。而新聞簡直就是爲了要讓人產生不必要的情緒而量身訂做的。沒錯，想不帶情緒地消費新聞，甚至是不可能的事，因此你最好不要跟它有任何瓜葛。

簡而言之，認爲人對所有的事都得有一套自己的見解，是個嚴重的錯誤。在你的意見當中，有百分之九十是多餘的。然而新聞消費卻驅使我們不停地形成見解，而這麼做奪走了我們的專注力以及內心的平靜。眾所皆知，意見就像鼻子，而每個人都有一個。但如果你消費新聞，這麼說吧，等於臉上長滿了鼻子——如果下次你又陷入得對某個任意議題提出見解的誘惑中，就先這樣想像一下吧！或者你也可以學著有修養一點，成爲也許是史上最傑出的政治家馬可・奧理略[7]的追隨者。他在將近兩千年前提出的建議，正好與此如出一轍：「我們有權利對事物不發表任何意見，更有權利使我們的靈魂不受騷擾；因爲事物本身並沒有迫使我們形成判斷的天然能力。」

7　譯註：馬可・奧理略（拉丁語：Marcus Aurelius, 121-180），羅馬帝國最偉大的皇帝之一，統治期間（西元一六一至一八〇年）被認為是羅馬黃金時代。其同時是著名的斯多噶派哲學家，有「哲學家皇帝」的美譽。

Take-away

你的見解有百分之九十是多餘的。所以你該省省功夫，不要讓新聞燒滾你內心的那座意見小火山。不需要對某些特定的議題提出見解，才是真正的自由。無可奉告的自由，比言論自由更需要正視，你得高舉這個宣言！

18 新聞會妨礙思考

思考需要專注，專注需要不受干擾。你一旦打開新聞這道湍急水流的閘門，專注力就會在瞬間被沖走。新聞會讓你變成一個膚淺的思考者，不僅如此，它還會損害你的記憶。

記憶有兩種類型，相較於長期記憶（Long-term memory）擁有很高的儲存容量，工作記憶（working memory）[8]只能儲存少量資訊（試試把只聽過一次且有十個數字的電話號碼複誦出來吧）。在我們的大腦裡，從工作記憶到長期記憶的路徑有如針孔，不管你想理解的是什麼，都得穿過這個點；在處理抽象的資訊時，更只有透過專注才行得通。因爲新聞會干擾人的專注度，自然也就有削弱理解力的作用。

你不會只在巴黎玩一分鐘就走，也不會在三十秒內逛完羅浮宮，爲什麼不呢？因爲要讓大腦確實接收新印象，就得給它時間暖身。想在閱讀時進入專心致志的狀態，你至少得先投入十分鐘的閱讀時間。如果提供的時間不夠，你的大腦將只能從表面粗略地處理資

8 譯註：有關大腦的記憶型態，在不同理論中有不同的描述。某些論點主張工作記憶是短期記憶的另一種稱呼，然而更多則認為兩者的概念並不相同。工作記憶指的是大腦臨時儲存和處理資訊的結構和過程；而短期記憶主要指的是大腦短期儲存資訊的行為，並不組織和改變資訊。

訊，而無法將它們儲存起來。你可以自問：上個月最重要（但目前已不再被報導）的十則新聞是什麼？大部分的人連五則都說不出來。所以爲什麼你要消費某種對自己的知識全無貢獻的東西？

另外，比紙版新聞更糟的是線上新聞。根據尼可拉斯・卡爾（Nicholas Carr）的研究顯示，一份文件內含的超連結愈多，人們對其內文的理解度就會愈低。爲什麼呢？因爲你的大腦每遇到一個超連結，就必須做出是否該在上面點一下的決定。這種不斷分心的現象，就好像有人一直沒完沒了地敲你的門，或電話每隔幾秒鐘就響一次。

不過最讓人分心的還是線上影片，尤其是當它打出效果驚人的王牌照片來當封面時。你的大腦幾乎無法提供你**抗拒**點開它的意志力，然後幾分鐘珍貴的時間就又這樣溜走了；或者說得更精準一點，是遠比幾分鐘還多的時間，因爲緊接著下一段影片又被推薦了，然後是下下一個。一段時間之後，你會看著錶自問：這幾個小時是怎麼溜走的？而且見鬼啦，我剛才是工作到哪裡了？

諾貝爾經濟學獎得主司馬賀（Herbert Simon）早在半世紀前就意識到這個問題，他說：「資訊會消耗掉的東西顯而意見，它消耗的是資訊接受者的專注力。資訊氾濫會讓人產生專注力不足的現象。」相較於在司馬賀的時代，我們得耐心等候新聞（等待郵箱啪答一聲被打開或《今日新聞》開始播放時那「貢」一聲的鑼響），或甚至得起身出門去找新聞（在報攤），今日拜各種線上新聞快訊、短訊、訂閱、隨時彈出的新聞通知及其他千擾之賜，我們專注力不足的問題日趨惡化。情況不再是我們去找新聞，而是新聞會找上門來，無論我們身在何處。

爲什麼我們會如此輕率地熱中於這種數位化消遣呢？因爲媒體集團的演算系統完全知道，什麼圖像或影片最能擊潰我們的意志力。這套演算規則會逐月改善，而你原本的狀態，親愛的新聞消費者，則會逐漸惡化。瀏覽每一個新聞網頁，都是一種誘惑與意志力之間的拉鋸戰，而你的意志力通常是輸家。爲什麼要把你的大腦推進這場不公平的殺戮爭戰，即使那裡沒有什麼東西可贏？

事實上，情況甚至更糟，你不僅得不到任何戰利品，還會損失更多東西。你失去的不僅是你的專注力，還有可以用來做更有意義的事的意志力。美國的心理學教授羅伊・鮑梅斯特（Roy Baumeister）就指出，意志力和肌肉的運作方法類似，都具有短暫的時效性。在一場馬拉松競賽之後，你會沒辦法再像一顆網球那樣四處蹦跳。三磷酸腺苷（adenosine triphosphate，簡稱ATP），也就是你的肌肉能量用完了，得再重新製造補充才行。而我們的意志力也一樣。針對這點，鮑梅斯特提到了**意志力耗損**（Willpower Depletion）的現象：假若你的意志力一開始就耗盡了，你將缺乏足夠的毅力去執行下一件需要韌性與魄力的任務。也因此，在你消費了許多新聞的工作日裡，即使不受浪費掉的時間影響，你還是會過得差強人意：因爲你幾乎再無餘力完成任何工作了。

反正你在新聞網頁上會遭遇的戰鬥是穩輸不贏，所以你唯一的明智之舉，就是根本不

要踏進這個戰場，也就是徹底放棄瀏覽新聞網站。除此之外，你爲什麼要把自己寶貴的閱讀時間、迫切需要的意志力、個人資料，全都奉送給那些公司，然後只得到無稽之談外加廣告以爲回報？這樣的交易眞是糟到不可思議！新聞是精神環境的汙染物質，你得讓自己的大腦保持乾淨，它可是你最重要的器官。

Take-away

思考需要專注力。而新聞卻是要盡可能地讓你分心，這便是其商業模式運作的方式。造訪每一個新聞網頁，都是一種誘惑與意志力間的拉鋸戰，而你的意志力在大多數情況下都屈居下風。不要把自己推進這種殘暴的爭鬥中，你只會是輸家。

19 新聞會改變我們的大腦

人腦大約由八百七十億個神經細胞所構成，而它們又透過上百兆個突觸（Synapses）彼此互相連結。科學家很久以前曾經這樣假設，人在成年時，大腦便已經完全發展定型；然而此時我們知道，它其實一直在改變。神經細胞會例行地中斷舊的連結，並展開新連結（說得更精準一點，突觸上的接收單位會改變它們的敏感度）。如果我們讓自己被一種新的文化現象（例如大量的廉價新聞）給淹沒，我們的思考器官同時也會被改造。所以洗腦這個詞根本就是名副其實。人對新聞氾濫現象的適應，確實是在生物學層面上進行的。新聞重新鋪設了我們的神經連結，結果是，即使你剛剛沒有消費新聞，大腦還是會以不同的方式來運作。不僅不同，而且會是以更糟的方式運作，這點想必你也料想得到。

爲了拿到計程車執照，倫敦培訓中的計程車司機必須塞進自己腦袋裡的知識，簡直多得可怕。倫敦有兩萬五千條街道，還有多如牛毛的觀光景點。而依照傳統，人們總期待計程車司機是個什麼都知道的萬事通，難怪這裡的計程車司機需要三到四年的培訓時間，也就是直到他們的大腦把這個大都會的代表性圖像全都儲存起來爲止。

拜 Google 地圖與其他類似工具之賜，這種費力傷神的培訓方式，或許不久就會顯得過時了。倫敦大學學院（University College London）的研究者艾莉諾．馬奎爾（Eleanor Maguire）、凱薩琳．伍利特（Katherine Woollett）與雨果．施皮爾斯（Hugo Spiers）把握機會，用它來做一個實驗。他們想問的是：計程車司機腦袋裡的街道知識，是否可以用某種方式觀察到？更明確地說，如果某人當了計程車司機，他的大腦結構會改變嗎？研究者定期把培訓中的計程車司機和對照組裡的公車司機（他們不需要記住兩萬五千條街道，因爲走的總是同樣路線），送進核磁共振斷層掃瞄儀（MRT）裡。一開始，研究者在兩組人員的大腦之間，並沒有看到任何差異；然而在計程車司機取得執照幾年之後，研究人員在他們大腦的海馬迴（對長期記憶很重要的組織）上，觀察到了結構性的改變：相較於公車司機，計程車司機的這個部位明顯有更多的神經細胞。而且隨著幾年時間過去，這種在大腦結構上的差異愈來愈大。不過計程車司機雖然擁有較好的「心智街道圖」，在記憶新的幾何形圖案上卻表現較差，公車司機在這方面就相對地沒有問題。原因是大腦某個部位的進步，可能會與某些其他部位的退化相伴而生。

關於媒體消費者，神經生物學家羅及基（Kep-Kee Loh）以及東京大學的研究員金井良太則都確認了以下的結論：一個人愈常同時消費不同類型的媒體，前扣帶迴皮質（anterior cingulate cortex）的神經細胞數量就會愈少。這是我們大腦內部掌管注意力、道德思考與控制衝動的部位之一。而在高度新聞成癮者身上確實觀察得到以下現象：他們的專注力退化，在情緒控制上也出現問題。

所以，親愛的讀者，你消費愈多新聞，就愈是鍛鍊了你大腦中專職瀏覽資訊及同步處理多重任務的神經元交換電路。不過在此同時，讓你能夠聚精會神閱讀、深入細膩思考的交換電路卻會變得萎縮。我持續注意到，大部分狂熱的新聞消費者，即使他們一度熱愛閱讀書籍，卻都已經沒辦法再去讀較長篇的文章或書刊。通常在四、五頁之後，他們就會開始覺得疲倦，注意力會減退，然後變得煩躁不安。這並不是因爲年紀大了或是有時間壓力，更是因爲他們大腦的物理結構改變了。舊金山加州大學的麥克・默策尼希（Michael Merzenich）是這樣形容這個現象的：「我們訓練自己的大腦去關注某種蠢事。」

如果你不是個嗜書的書蟲，或許會覺得在閱讀能力上的損失是可以忍受的。然而專注深入的閱讀，被證實與清晰思考的能力密不可分。因此，如果你想重新贏回可以聚精會神並深入探討一個議題的能力，除了採取完全沒有新聞的精神節食法，別無其他方式。根據我的經驗，在新聞戒斷之後，大腦大約需要一年的時間，才能恢復到不覺疲倦地接受長篇文章的結構狀態。你愈早開始這麼做，就會愈快達成這個目標。即使一開始很難也不要放棄，因爲所有值得去做的事，都是起頭難。

Take-away

消費新聞會讓你大腦的物理結構逐漸改變，你只是鍛鍊了自己大腦中專職瀏覽簡短資訊的區域；然而，與此同時，專司閱讀長篇文章與深刻思考的神經網絡也逐漸萎縮。你希望能夠不再對閱讀書籍與長篇文章感到疲倦嗎？那就從現在開始，停止消費新聞！

20 新聞會製造虛名

一個正常運作的社會，有賴於人與人之間互相合作。而一個人的名聲則是一種訊號，多少會說明他身爲合作夥伴，人品該是如何。可惜在新聞的世界裡，這個訊號變得不可靠了。在人類演化史的早期，一個人的聲譽和他的成就或權勢有著直接的關係。徒手撂倒野獸、拯救他人性命、能憑自己的本事升火，就能贏得相稱的名望（這是透過能力得到聲譽）。此外，藉著靈活的謀略與建立聯盟而得以位居上位不墜的部落首領，也同樣享有名望（這是透過權力得到聲譽）。

即便是距離石器時代頗爲久遠的更後來，聲譽還是與成就或權勢緊拉在一條不可分割的繫帶兩端。亞里斯多德、莎孚、奧古斯丁、貝多芬、牛頓、達爾文、居禮夫人、愛因斯坦，他們都因自己的能力而享有名望。皇帝、國王和教宗的名望，則是透過至高無上的權力所獲取。馬可．奧理略的聲名則是來自能力與權力兩者。

然而隨著新聞的出現，突然間，一種過去從來都沒有人聽過的奇怪角色卻無所不在了：「名人」，也就是基於一種不管對社會或對我們個人生活都毫無意義的理由而成名的人。今日的媒體基於一些微不足道的理由，幫那些脫口秀主持人、運動節目主播、超級模

特兒或流行音樂歌手冠上「名人」的頭銜，破壞了聲譽與成就之間的關係，所謂「虛名」就是這樣形成的。知名人士置身在一種所謂的自我參照系統裡，一個名人之所以是名人，只因爲他是名人。人們很快就會忘記他或她是怎樣變成名人的，而這在整個新聞馬戲團裡也一點都不重要。媒體會報導這個名人，只因爲他就是個名人。在新聞媒體出現之前，要說出某個聲望不是因能力或權勢而來的人名，幾乎是不可能的事；可能的話，頂多也是一些罪犯。

你聽過唐納德．韓德森（Donald Henderson）這個人嗎？他帶領世界衛生組織（WHO）的團隊根除了天花。幾千年來，天花一直被視爲是最危險的傳染病之一，結合了惡魔般可怕的高感染率與高死亡率。然而在韓德森領導之下的疫苗接種與防疫計畫，堅持不懈地完成了這項被認爲是不可能的任務：永遠地打敗天花病毒。一種有致命危險的瘟疫被完全消滅，這是空前絕後的成功，是人類醫療史上最偉大的勝利之一。人們盡其所能地把所有榮耀添加在這位科學家身上，一九八六年，他獲得了國家科學獎章，二〇〇二年則獲頒總統自由勳章，這在美國是最高獎章。韓德森並沒有躲著媒體，恰好相反。天花病毒被消滅後，他在全球最重要的醫學大學之一，約翰．霍普金斯大學（John Hopkins University）擔任學院院長，同時也是美國政府的高階顧問。可是你在新聞媒體上卻幾乎看不到他的名字。爲什麼？

主要可歸因於新聞媒體的「名人聚焦」症。韓德森能提供的就「只有」他的成就，沒有荒誕不經的髮型、沒有大鳴大放的嘴砲、沒有俊俏的設計師西裝。也因爲要探討一個像傳染疾病這樣的主題太費力了，所以媒體對他不感興趣。

其實名人也沒什麼不好，然而讓人遺憾的是，看在媒體的眼中，卻會擠壓（所謂的**排擠效應**）到確實做出寶貴貢獻的人。愈多名人佔滿報紙版面、電視節目、部落格與推特上的空間，留給像韓德森這類人物的報導空間就愈少。

新聞媒體粉碎了聲譽與成就之間的連結。而消費新聞會讓你變成輸家，不僅是在對抗**假新聞**上，在對抗**虛名**的奮戰中亦同。你不該這樣對待自己，尤其不該這樣對待整個社會。

Take-away

假名氣幾乎跟假新聞一樣糟。如果你消費了新聞，就等於助長了虛名。如此一來，受累的不僅是你個人，還有整個社會。因為你認知中的虛名，壓迫到確實做出寶貴貢獻的人。沒有新聞，你的大腦才終於能夠空出位置，認識真正成就過大事的人。

21 新聞讓我們變得渺小

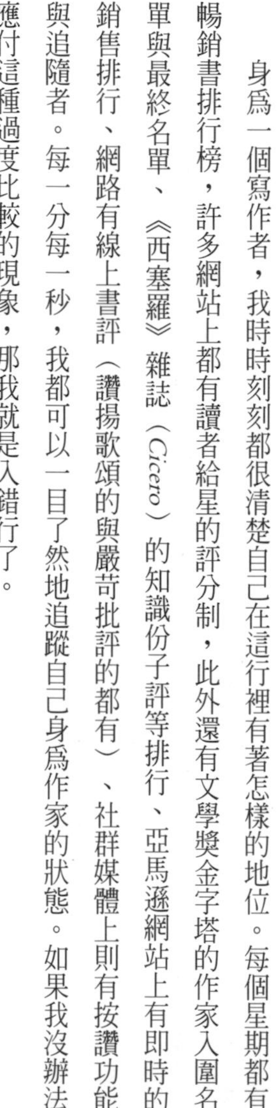

身爲一個寫作者，我時時刻刻都很清楚自己在這行裡有著怎樣的地位。每個星期都有暢銷書排行榜，許多網站上都有讀者給星的評分制，此外還有文學獎金字塔的作家入圍名單與最終名單、《西塞羅》雜誌（*Cicero*）的知識份子評等排行、亞馬遜網站上有即時的銷售排行、網路有線上書評（讚揚歌頌的與嚴苛批評的都有）、社群媒體上則有按讚功能與追隨者。每一分每一秒，我都可以一目了然地追蹤自己身爲作家的狀態。如果我沒辦法應付這種過度比較的現象，那我就是入錯行了。

好吧，作家等級位階的透明度或許是個極端的例子，對此我並無埋怨。問題出在：每一個有職業的人，不管是建築師、建設公司業主、保險仲介、銀行家或廚師，都生活在位階之中。而大部分的人對於自己地位的改變，反應都極度敏感。爲什麼呢？

人類是四千多種哺乳動物中的一種，而這對我們的心理特質具有深遠的影響。哺乳動物在傳宗接代上必須投入極爲可觀的精力，首先孕期會耗掉許多能量，而胎兒出生後如果沒有得到足夠的呵護、食物以及學習的機會，則多半無法存活下來。懷孕及哺乳期間的母親，也不可能與條件或許更好的雄性進行交配——這對雌性動物是很高的機會成本。也因

此，雌性哺乳動物在決定交配對象時極其謹慎，而能否取得資源則是她最核心的選擇標準。也因爲較高的地位在所有哺乳動物的社會裡——包括智人在內——都是比較能夠取得資源的保證，女性（概括而言）也因此傾向較爲青睞地位高的雄性。以上的作用絕大部分是發生於不知不覺之中，所謂的「墜入愛河」，就是演化爲這種現象創造出來的機制。

相對於雌性對地位的偏好，雄性對地位則潛在地感到不安。因爲會從父親那裡得到一半的基因，對地位的渴望也根植在女人的天性中。除此之外，女性也爲自己蓋出了一座位階金字塔，依據容貌、青春等等這些我們熟悉的特質。

結果是：我們把自己全部按照位階組織起來，不管是在職場上、在軍隊中、在教會裡、在運動上、在鄰里間，或甚至在兒童遊戲場上，都逃不開位階的畫分。現在你或許會想：**那又怎樣**？

身分地位的改變並不純粹只關係到感覺，倫敦大學學院教授麥克．馬爾默特爵士（Sir Michael Marmot）就指出，社會地位低的人比較容易生病，較常受憂鬱之苦，也會死得比較早。因此地位對我們的身心健康，具有重要的影響。

而這一切又跟新聞何干？很簡單：新聞不成比例、過度報導俊男美女和成功人士，讓本來就已經夠殘忍的與生俱來的位階現象，變得更爲凶狠。它們的作用就像放大鏡，每年的富人排行榜（瑞士的 BILANZ-300-Liste；德國的《經理人雜誌》〔*Manager Magazins*〕上有對最富有德國人的排行；美國則刊載在《富比士雜誌》〔Forbes Global 2000〕上）出版那天，每一個「普通」的百萬富翁心裡都會有點不是滋味，更別提我們這些非百萬富翁。而那些愚蠢到家的封號，像是「年度經理人」、「年度企業家」、「年度運動員」、「年度廣告宣傳者」「年度藝術家」、「年度流行音樂歌手」、「年度園丁」等等，也在無意間對每個「普通」的經理人、企業家、運動員以及其他，釋放出一種讓他的身體佈滿有害的壓力荷爾蒙的訊號。年輕漂亮的模特兒在伸展台上走台步時，對每個「普通」女人來說，也都是一種精神傷害。而這會造成在包括身體健康等層面上的許多負面後果。

媒體也會報導位在鐘型曲線另一端的人，譬如倒霉鬼、魯蛇、特別醜陋的、精神變態的和一事無成的人。對我們這些「普通」人來說，這不也是一種會讓人暗中自我慶幸的理由嗎？並不會，因爲在心理學上，「壞」感受起來的強度會是「好」的兩倍。雖然跟社會邊緣人相比，會提昇我們自己的價値（「好」的感覺），但是跟比爾・蓋茲或莎莉・賽隆這類人相比的結果，卻會把我們的價値拉低兩倍（「壞」的感覺）。因此，新聞消費對我們內在心理平衡的淨效果爲負値。

結論：新聞消費讓我們把潛在競爭者的範圍擴大爲整個世界，我們讓自己去和與己無關、眞的半點關係都沒有的人相提並論。結果是看輕了自己，變得比眞實的自己更爲渺小。當然，理論上，你可以用理性抗拒這種感受，但是我們並沒有這樣做。你無法避免情緒受到影響，而這又會讓你的身體與荷爾蒙分泌產生變化。我們會承受更多壓力，血清素値則會下降；我們垂頭喪氣，無精打采地拖著步伐。生活已經夠艱難了，我們卻讓自己的

日子變得更難過。是時候從這種荒謬的新聞消費與荒謬的地位競賽脫身了，就是現在。✿

Take-away

我們生活在某地的位階系統裡，自身在其中的位置，影響著我們的荷爾蒙分泌以及自我感受。這對位居階級頂端的人來說是件美事，對中間的人就沒那麼舒服，對所有最下層的人來說則可能很殘酷。新聞在我們的地方位階體系中套上了全球標準，而這把所有人的位置都往下壓低了一大截，影響我們身體荷爾蒙分泌與內心感受的負面後果也隨之而來。你不需要這第二套位階系統，只要放棄新聞，你就可以掙脫它的束縛。

22 新聞讓人變得消極被動

新聞報導所關注的，大多是我們影響不了的事。恐怖份子會不會在某處引爆炸彈、冰島有沒有火山會噴發、撒哈拉的饑荒會不會奪去成千上萬人的性命、美國總統會不會刪掉一條荒謬的推文、難民潮會不會來勢洶洶、蘋果會不會去掉它新機型上的耳機插孔、福斯汽車有沒有在廢氣排放測試中作弊、布萊德・彼特會不會跟安潔莉娜・裘莉分手……諸如此類。這所有一切都在你所能掌控的範圍之外。你從新聞裡聽到的事，幾乎沒有任何一件是你影響得了的。

而這些日復一日出現的、我們改變不了的新聞事件，會讓人變得被動消極。新聞消磨我們的意志，直到我們陷入沮喪、絕望與悲觀之中。我們當然想幫忙，想插手介入、撥亂反正，讓世界變得好一點。無奈這行不通，畢竟我們也有自己的家得養，時間本來也就很有限。我們要怎麼阻止地球另一端火山的爆發、怎麼偷走恐怖份子的炸彈，又要怎麼拯救饑民不讓他們餓死？我們在很清楚自己完全愛莫能助的情況下，消費了這些災難影像，所以爲此遭受譴責。

如果人的大腦總是接收模稜兩可的訊息，卻沒辦法進行處理，一段時間之後，便會讓自己陷入一種受害者的角色裡。處理事情的動力會衰減，人會變得被動消極，這種現象在學術上被稱爲**習得的無助感**（Learned Helplessness）。

美國的心理學家馬丁・史利曼（Martin Seligman）和史蒂芬・邁爾（Steven Maier）在一九六〇年代時發現了這種現象。一開始是透過動物試驗。他們在老鼠的尾巴末端繫上電線，並通過這條電線向老鼠施加電擊，用的是不讓牠產生痛楚，只感覺「被騷擾」的強度。實驗中的第一組老鼠可以透過轉動滾輪來停止電擊，也就是說，牠們對情況具有掌控權；然而在第二組裡，轉動滾輪並不會帶來任何結果，因此這組老鼠得聽天由命。

雖然兩組老鼠得到同樣的輸入條件（電擊的強度與頻率都一樣），在一連串電擊之後的行爲反應卻截然不同。第一組老鼠的行爲並沒有什麼特別，一切如常，好像什麼事都沒發生過；然而第二組老鼠在行爲上，卻相對出現了顯著的本質轉變。牠們變得膽怯、消極，牠們的性慾減低，出現失樂症狀（也就是感受快樂的能力減低），對新事物排斥反感，對不明情狀則心懷恐懼。

新聞在人類身上引發的衝擊，有點類似電擊之於實驗中的第二組老鼠。那些新聞故事以及新聞影像翻攪著我們的情緒，但是我們沒有可以轉動的「滾輪」。最聰明的人會徹底關掉新聞的輸入來源，但絕大部分的你我，卻因太過軟弱而做不到。

最棘手的是，習得的無助感不單只讓我們在新聞議題這方面變得消極被動，沒這麼簡單，它蔓延到我們生活的所有領域中。一旦新聞讓我們變得消極，在面對家人及工作時，我們也會傾向於採取被動的姿態，即便在這些領域裡，我們完全擁有運作空間。

這樣解釋或許有點牽強，但若說新聞消費是現代文明病憂鬱症的罪魁禍首之一，我一點都不覺得奇怪。從時間點來看，憂鬱症的擴散正好與新聞的泛濫不謀而合。英國的媒體研究者裘蒂・傑克森（Jodie Jackson）有著類似的看法，她說：「我們消費新聞時，就是不斷地在面對問題，那些問題不是尚未解決，就是有朝一日被解決的希望也很渺茫。」由此可見，假若我們消費新聞並感到悲觀沮喪，這其實沒什麼好驚訝的，新聞所呈現的多半是無法解決的問題，這點證據確鑿。兩千多年前，偉大的哲學家愛比克泰德（Epictetus）在他的小手札裡開宗明義地說了：「有些事是我們力所能及，有些則否。」這句話的精髓在於：對我們力所不能及之事花費心思，是愚不可及的。而幾乎所有我們從新聞裡聽到的事，都是我們影響不了的，所以你大可放心地將之拋諸腦後。

一個建議：把精力投注在你有能力影響的事情上吧。你能做的事多不勝數，然而，發生在地球彼端的大地震，並不含括在內。

Take-away

新聞所報導的事件，有百分九十九是你影響不了的。這會讓你掉進一種人稱「習得的無助感」的心理黑洞裡——一種會擴散到你生活各領域中的微型憂鬱症。你可以關掉輸入新聞的開關，專注在生活中自己得以掌控的事物上，爬出那個黑洞吧。日子會瞬間變得寧靜平和，你也會快樂許多。

23 新聞是記者製造的

優秀的新聞記者會花時間好好撰寫文章。他會去確認事實，努力呈現事件眞相的複雜性，並從頭到尾爬梳整件事。不過就像所有的行業一樣，新聞界也有對追求最高成就既缺乏動力，也不具才能的同行——但或許他們最普遍缺乏的，是時間。身爲媒體消費者，你幾乎分辨不出他們到底缺了什麼，因爲結果總是半斤八兩。

許多記者的新聞是擷取他人的文章拼湊而成，他們訴諸空洞陳腐的字眼，滿足於膚淺表面的思考以及在網路上某處扒到的資料。有些記者的新聞，則是乾脆抄自公關稿或參考舊報導，完全不考慮在此期間可能的變化。

他們大多缺乏所謂的「切膚之痛」（skin in the game），換句話說，不必承受任何危險。一個記者寫了篇狗屁報導，並不需要爲此負起任何責任。或許偶爾會有封怒火沖天的讀者來信，錯得很明顯時也會被主編訓斥一下，然而最有可能發生的事情卻是——什麼都不會發生。有如浪潮滾滾而來的新的新聞，會不費吹灰之力地把他們寫出來的東西沖走。這種情況跟發生在企業家或投資者身上時截然不同，一個下錯判斷的投資者，會直接從銀行帳戶裡感受到自己的錯誤；一個策略沒有成效的企業家，則很快就會嚐到失敗的苦果。

然而劣質的新聞業，並不能只歸罪於劣質的記者。我有許多朋友或熟人是記者、編輯或主編，他們是我所認識的人當中，最聰明的一群，不僅才高八斗，所受的教育高於平均，而且極具寫作天賦。他們大多是基於爲了讓這個世界更公平正義一些的道德考量而選擇了自己的職業，問題是，這些卓越的人才卻意外地被困在一個愈來愈沒有意義的行業裡。他們之中有許多人也意識到，在新聞界裡舞文弄墨這件事變得愈來愈空洞貧乏，只是從來不會公開承認。這些聰明的腦袋，大多沒有時間在工作上進行調查、沒時間進行研究、沒時間思考，也沒有空間讓他們闡述複雜的事實眞相。自時代轉變之際，加重在記者身上的壓力是無法想像的，有些媒體甚至規定記者每天要寫出十二篇報導——全都是爲了獵取點閱與按讚數。這樣的做法何來品質可言。

要就一個主題寫出內容豐富深刻的報導本就困難重重，更別說針對十個不同的主題。然而記者所接收的要求，正是這種**不可能的任務**。聘請專業人士來寫又太昂貴，於是無可避免地，就只能一直做表面功夫。

被劣質新聞所麻痺的消費者很少會注意到這一點，但記者自身自然清楚得很。事跡敗露的恐懼，在這一行裡幾乎無所不在。記者因爲身受其苦，不是變得沮喪不已，就是憤世嫉俗，要不就是兩者兼具。難怪他們多半在工作幾年後就會轉換跑道，在企業的傳播部門尋找機會：那裡壓力較少、薪資更高，工作時間也比較照規矩來。儘管不見得會以拯救世界爲目標。

二〇一五年時，知名的就業求職網站 CareerCast 根據工作環境、壓力、薪資及未來展望等標準，評鑑了美國的兩百種職業，而其中敬陪末座者是哪一行呢？就是報社記者，甚至還不如守林員以及得上戰場的士兵。

然而我們實在不能怪罪媒體業者把新聞業帶上絕路，因爲罪魁禍首其實是那些奪去它們的廣告收入，並以此破壞其事業基礎的網路巨擘，像 Google、臉書和亞馬遜。不過反過來說，這些巨擘之所以這麼成功，也是因爲消費者喜歡把生命消磨在它們的網路平台上。要記者爲當前的困境負起責任，就好像是把方糖當成飲食不健康的罪魁禍首。透過我們這些新聞消費者的行爲，一種**向下競爭**（Race to the Bottom）[9]的經濟模式形成了，也就是一種向下追求最低水準的競逐賽。不想輸掉這場競賽的唯一可能性，就是不要蹚混水參加競賽——我會這樣建議身爲讀者的你，也特別建議我的記者朋友。對自己還有些期許的記者，應該要告別新聞記者這份工作。就像一個對自己還有些期許的廚師，不必非得在麥當勞裡奮鬥事業一樣。

---

9 譯註：也稱逐底競爭，原指在經濟全球化的世界裡，為了吸引外來投資而競相降低工資、勞動條件及環保標準等門檻，以減輕投資者的經濟成本、極大化其商業利益的做法。

Take-away

新聞記者被困在一個自己完全沒有贏面的體系裡。不管他們是多麼才華洋溢（他們確實大部分是），結果還是很糟，他們的條件再好也於事無補。如果你能放棄新聞消費（希望你的親朋好友也是），分析深入的長篇文章與書刊就能得到更多出版空間，一流記者也才有機會重新綻放光芒。

24 新聞操弄了事實

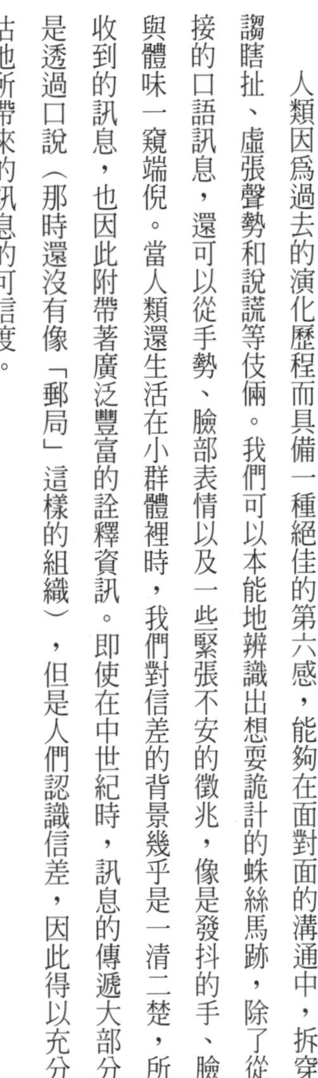

人類因爲過去的演化歷程而具備一種絕佳的第六感，能夠在面對面的溝通中，拆穿胡謅瞎扯、虛張聲勢和說謊等伎倆。我們可以本能地辨識出想要詭計的蛛絲馬跡，除了從直接的口語訊息，還可以從手勢、臉部表情以及一些緊張不安的徵兆，像是發抖的手、臉紅與體味一窺端倪。當人類還生活在小群體裡時，我們對信差的背景幾乎是一清二楚，所接收到的訊息，也因此附帶著廣泛豐富的詮釋資訊。即使在中世紀時，訊息的傳遞大部分還是透過口說（那時還沒有像「郵局」這樣的組織），但是人們認識信差，因此得以充分評估他所帶來的訊息的可信度。

想把忠於事實、不帶偏見的訊息，與隱藏著傳送者意圖的訊息區別開來，在今日則要困難得多。因爲公共關係產業的規模巨大無比。媒體企業家克雷・強生（Clay A. Johnson）是這麼說的：「在美國，平均每有一個記者，就相對地有四個以上的公關人士。」公關產業每年在全球創造出一百五十到三百億美元的營業額，這正是記者與消費者可以成功地被操控、影響或被某種東西所拉攏的最好證據。如果企業、利益團體和其他組織的投資得不到回報，他們絕不會花這筆數目的錢來做公關。依據職業需求，記者理應是對勢力龐大的組織持有高度質疑能力的人，但假若公關顧問連他們都能操縱，爲什麼你相信自己得以躲避精明的公關人士對你發揮的影響？

就以護士娜伊拉（Nayirah）的故事爲例吧，故事主角是一個十五歲的科威特少女，她於一九九一年波斯灣戰爭前夕，在美國國會山莊裡提供證言，陳述自己如何目睹伊拉克軍人在她服務的科威特醫院裡殺掉嬰兒。幾乎所有的媒體都大肆報導了這件事，而美國的輿論則群情激憤，完全失去控制。這件事等於促成了美國國會同意出兵，然而當時所有媒體都認爲可信的娜伊拉的證言，後來被踢爆其實是幕後有人策畫操控的戰爭宣傳。

今日，娜伊拉的故事被描繪成假新聞的經典。宣傳廣告並不是新玩意，自從有了印刷術以及突然間無所不在的傳單大量出現以來，人們就得與假新聞對抗。一百年前，美國作家厄普頓．辛克萊（Upton Sinclair）曾這樣寫過：「你在讀報紙時，讀的是事實眞相還是廣告宣傳？」

然而今日有兩件事確實是新的。首先，假新聞數量的爆增無法估算。印一張傳單至少得花點成本，製造數位假新聞則幾乎免費（除非你付錢給 Google 或臉書，讓自己的假新聞被優先處理）。再者，今時今日，假新聞的製造是完美地投個別消費者所好（所謂的「精準投放」），它的穿透力也因此要強大得多。

很快地，假新聞的製造就再也不需要借助人手。此時，人工智慧的電腦程式已經可以自行編寫新聞報導。這種自動生產的新聞，未來將能完美地根據消費者的偏好，量身打

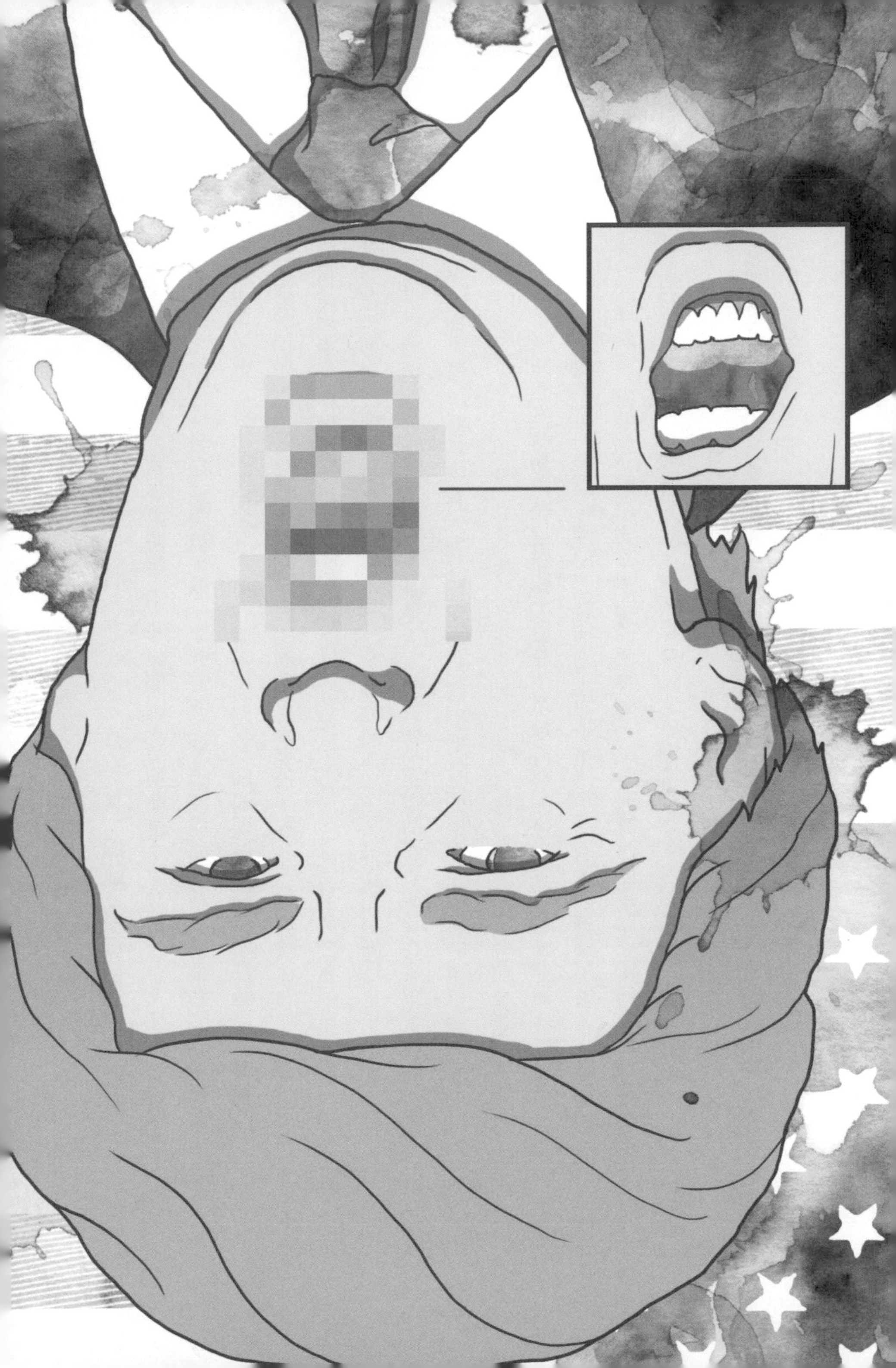

造，屆時恐怕連深具批判性的人都抗拒不了。新聞是否反映事實眞相變成次要，重點是它們製造了點閱率，也因此賺進了廣告費。

想當然耳，這種現象不會僅限於文字內容、文章、貼文和推文，今天電腦已經能夠無中生有地製造出影像畫面與視頻片段。稍有經驗的人現階段還能分辨出那種新聞，例如一段視頻中，某國總統的嘴被安上一段全然不同的談話內容，聲音、表情與手勢幾乎配合得天衣無縫。然而不消幾年，可能就只有人工智慧才能夠辨識出哪些新聞同是人工智慧生產而成，哪些不是。

在媒體世界的泥沼裡，新聞有如四處冒出來的野菇，其中有些可以食用，有些則含毒。分辨故事是眞實或謊言的難度會愈來愈高，再加上即使是老牌新聞媒體，也愈來愈常販售所謂的業配文和原生廣告——外表僞裝成一般文章的付費公關文。根據研究推測，我們已經跨步踏進一種眞假「倒置」的狀態，也就是說，網路上的內容、使用者以及點閱數，有一半以上是假的。因此，想在最大程度上保護自己免於被操弄，你最好徹底放棄新聞消費。這麼做的一個令人愉快的「副作用」是：你也等於順便甩掉了一大堆垃圾廣告。最受歡迎的廣告方式就是與新聞掛鉤，而那基本上與人爲操弄沒什麼兩樣，因爲廣告想向我們兜售的，都是些我們不需要或買不起的產品——否則不用廣告我們也會買。廣告就像新聞一樣多餘，遠離它們吧！

Take-away

你該脫離新聞這片泥沼，因為那裡充斥著半真半假的訊息、極端的意見、置入性行銷、公關文稿、宣傳還有廣告。製造假新聞，要比製造假書容易得多。

25 新聞扼殺創意

僞知識會限制我們的創造力。這也是爲什麼像數學家、作家、作曲家或企業家最有創意的成就，大都完成於青年時期的原因之一。此時他們的心思可說還天馬行空於一個未開發的廣闊空間之中，而這激勵他們發展並追尋新的點子。

在我認識的那些有創意的人當中，沒有任何一個是新聞成癮者，不管他們是作家、作曲家、數學家、物理學家、科學家、音樂家、設計師、建築師或畫家。另一方面，我也認識一堆極度缺乏創意的人，而他們的新聞消費可以用海量來計算。

爲什麼會這樣呢？因爲人不管遇到什麼問題、麻煩或任務，腦中第一個浮現的，通常就是自己曾經在某處聽過的想法，而那很少是有創意的。因此我在閱讀一本書或一篇長文之前，通常會先花幾分鐘的時間，強迫自己思考眼前的主題。這有點辛苦，卻很值得。因爲我知道，一旦開始閱讀，作者的想法就會進佔我的腦袋，而我幾乎不可能形成自己的意見。反之，假若我在自主思考之後再逐步沉潛於書中，就能將自己的想法與作者做一個對照。有時候它們會有所交集，有時候不會，但這一點都不重要。重要的是，你的閱讀體驗會等於是一場你與作者的精神對話。不過這種方法只適用在書籍與長篇文章的閱讀上，對

新聞無效。新聞的結構讓你完全**無法**產生個人想法，在你眞的有辦法開始進行思考時，它就已經結束了。新聞的篇幅很短、文字花俏、節奏很快，而且極端簡化，最適合人漫不經心、腦袋空空地消費。

除此之外，新聞這種干擾創造力的效應，可能還跟我們之前（在十八章）就討論過的一件非常簡單的事有關：專注力。創意需要專注力，而讓新聞分了心的人，就沒辦法產生新的想法。按照尼采充滿詩意的說法，想要「孕育出一顆舞動之星」，「產房」裡需要安靜。

不過我經常聽到這樣的反駁：如果我們只接收與自己能力圈（第九章）百分之百吻合的資訊，而不去管所有其他的連結，不也就等於拒絕了那種幸運的偶然，也就是英文裡帶點矯揉造作所說的 serendipity（機緣巧合）嗎？然而「偶然」的力量被高估了，老實說，來自截然不同領域的資訊強化了你的能力圈，這樣的事有多常發生？幾乎從未發生過。沒錯，你當然可以對所有可能領域的知識敞開雙臂，碰巧從中得到一個眞正有創意的點子，這也不無可能。然而，你流連於陌生領域所耗費的時間，會讓你沒有餘裕系統性地耕耘自己的能力圈，畢竟一天就只有二十四小時。

以下是我的建議：假若你無論如何都想涉獵其他知識，你就每個月都給自己預留半天的時間去逛一間大書店，在那裡翻閱盡可能愈多不同領域的新書愈好，當然，也可以儘管買其中幾本回去充實你的個人書庫。不過拜託，你可千萬不要每天流連在某些網頁之間，然後抱著自己會從中得到某種創意靈感，得以讓事業一飛沖天的希望。如果你是這樣安排你的時間，你不會贏得一飛沖天的機會，而是會一路緩慢持續降落。依據我的經驗所能給你的另一個建議是，固定與不同專業領域的人碰面。例如我反正得吃午餐，爲何不跟其他專業領域的能人、研究者或專家一起吃？而且我也可以說些自己寫作世界裡的事情來作爲回報，這也能豐富他們的見聞。關於這點，我在第三十三章會談論更多。

重度新聞成癮者常以這樣的說法來合理化自己的行爲：新聞消費爲他們打開了全新的觀點。然而從稍遠處觀看這場新聞泛濫的結果卻顯示：新聞是一成不變的。這裡有件醜聞、那裡有顆炸彈、有個演員在這裡、有位央行總裁在那裡、國家領袖握手致敬、運動員打破紀錄、企業舉行記者會、某些經濟部門成長、某些萎縮、股市上下震盪、某地的某些人正群情激憤，然後偶爾會有一架飛機從空中掉落。「人們慢慢知道，一切了無新意。」馬克斯・弗里施曾經這樣描述過媒體。一個具有永久效力的診斷。

我還經常聽到另一種指責：採行嚴格的新聞戒斷，人不僅會錯過一些東西，還會一輩子都停留在「專業白癡」的狀態裡。假如專業白癡是行家的同義詞，這麼說倒沒錯。唯有在自己的能力圈裡，我們才能產生眞正的價值——不管是對自己本身或是對社會。根本沒有其他可能性。能在自己的領域裡成爲佼佼者之一，就獲得了勝利。那些游移在幾百個主題之間，對每種「新聞小點心」都要流一下口水的人，並不會因此變成多才多藝的達文西。他或許可以免於被指責爲專業白癡（這稱謂基本上是種恭維），只不過要付出的代價

是：自己得一直當個完全普通的白癡。❦

Take-away

你想找到新創意嗎？那你最不該做的事就是消費新聞。音樂、電影、自己的觀察、書籍、長篇文章等等，所有其他可能的創意來源都更具成效。但最有效的方法還是自主思考。

26 新聞助長了垃圾言論——史鐸金定律

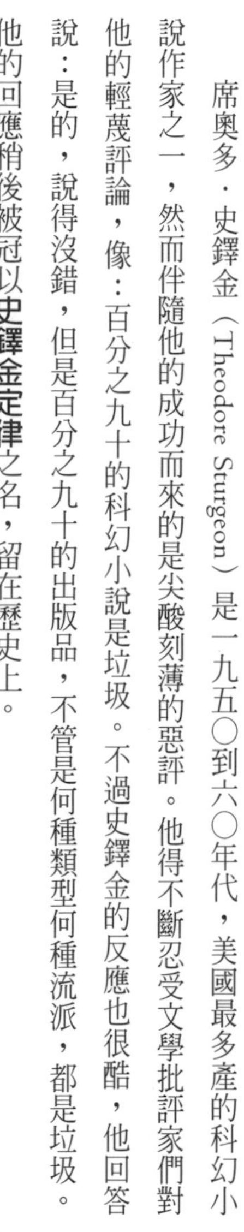

席奧多・史鐸金（Theodore Sturgeon）是一九五〇到六〇年代，美國最多產的科幻小說作家之一，然而伴隨他的成功而來的是尖酸刻薄的惡評。他得不斷忍受文學批評家們對他的輕蔑評論，像：百分之九十的科幻小說是垃圾。不過史鐸金的反應也很酷，他回答說：是的，說得沒錯，但是百分之九十的出版品，不管是何種類型何種流派，都是垃圾。他的回應稍後被冠以**史鐸金定律**之名，留在歷史上。

史鐸金定律適用於一切，當然也包括新聞。仔細想想，有多少新聞內容所取材的東西，是絲毫不值得你費心的——那些毀謗的、莫名其妙的、粗俗的、令人錯愕的、蠢到家的東西：一個男人在十五分鐘內吞下一百條熱狗，接下來被送進醫院洗胃；一個男人為了要省下洗車錢，於是把車開進河裡，然後淹死了；一個女人為了要刺激胸部發育，於是在上頭塗抹牙膏；還有一個女人毒死了自己的狗，因爲牠咬壞她的手提包。另外，有個警察經常在一條學生上學的路上拉屎。（抱歉，但這些都是眞實案例。）

比起在第七章檢視過的新聞普遍的無關緊要性，史鐸金定律更爲嚴重，無關緊要性意謂著：於公於私，新聞消費都不能讓人做出更好的決策，甚至還會產生相反的效應。史鐸金定律則意謂著：報紙、新聞節目、新聞入口網站一直朝社會大糞坑的方向持續發展。

人們期待媒體應該具有爲讀者、聽眾或觀眾過濾胡謅瞎扯及狗屁言論的功能，然而新聞媒體的發展卻愈來愈適得其反——它們變成專吸狗屁新聞的磁鐵。它們不僅容忍並播放無稽之談，甚至還給予鼓勵。製作垃圾的人非常清楚媒體對這些垃圾是如何飢不擇食，這一點從而激勵其他人製造出更多無稽之談。「每個人都應該在腦袋裡植入一個垃圾自動偵測機」，諾貝爾文學獎得主海明威在半世紀前就提出了這樣的建言。海明威既不是科幻小說作者，他的願望可惜也只能在遙遠的未來才能實現，如果眞有可能。

但這不該阻礙你擁有個人的垃圾偵測機。對此你得先知道，並不是所有的新聞媒體都會出版垃圾。有品質的媒體，像是《紐約時報》、《時代週報》、《新蘇黎世報》或《法蘭克福彙報》，雖然也會發佈不相干的訊息，但幾乎不會出現具蔑視毀謗意味或無腦至極的報導。你不會在《法蘭克福彙報》上看到「一個男人與他的烤吐司機有性關係」這樣的報導。然而有一種媒體的經營模式是：盡可能大量地散播最狗屁倒灶的新聞。這樣的媒體數量正在增加，特別是那些免費報紙和線上新聞媒體。並不是因爲這些媒體業者偏愛頭腦簡單的幽默，也不是因爲他們的編輯完全就是思想淺薄的蠢蛋。恰好相反。那些新聞業者和新聞編輯完全知道自己在做什麼：爲了投消費者所好，他們製造垃圾新聞，而新聞媒體透過發行或出版垃圾報導，等同鼓勵垃圾言論。

史鐸金定律不僅適用於新聞內容本身，也適用於新聞媒體報導一件事的方式。混雜了事實、臆測、置入性行銷和觀點的報導方式有如一杯倒人胃口、最好該倒進洗碗槽的雞尾酒。即使有些新聞看似嚴肅，例如一個沒有什麼生活經驗的二十五歲記者，扯著喉嚨痛責地緣政治情勢或公共衛生政策，但消費這種「洩憤式新聞」純粹是在浪費時間，尤其對記者本身而言也是。

第一次聽到史鐸金定律時，我感到莫大的解脫。我是帶著這樣的信念長大的：人類大部分的創作是重要的、深思熟慮的，也是珍貴的。因此每當我覺得某些事不大對勁時，也總一貫地認爲不對勁的可能是自己。然而今天我知道了，當我鄙視一個在十五分鐘內吞掉一百根熱狗的男人時，問題不在於我缺乏包容心。即使這是刊登在報紙上的事情。

因爲你買了這本書，所以我可以假設在唾棄這類荒謬愚蠢行徑的態度上，我們有很大程度的一致性。對此，我還有個小小的建議：千萬不要想著要消滅世上所有的無稽之談。你是做不到的。這個世界維持在非理性狀態的時間，會比你保持理性的時間還長。聽起來很令人遺憾，但事情就是這樣。能夠心懷史鐸金定律並平心靜氣接受它的人，日子會過得比較舒坦。

對了，在此還要加上一個我不斷得到印證的小小定律：當你無法確定某些東西是不是在鬼扯時，沒錯，它就是在鬼扯。

Take-away

新聞媒體發行或出版垃圾報導，等於在推動垃圾新聞的生產。親愛的讀者，當你消費新聞，就等於是維持這部機器運轉的幫凶。切莫這樣做。這不僅是基於你的個人利益，也是為了整個社會的福祉。

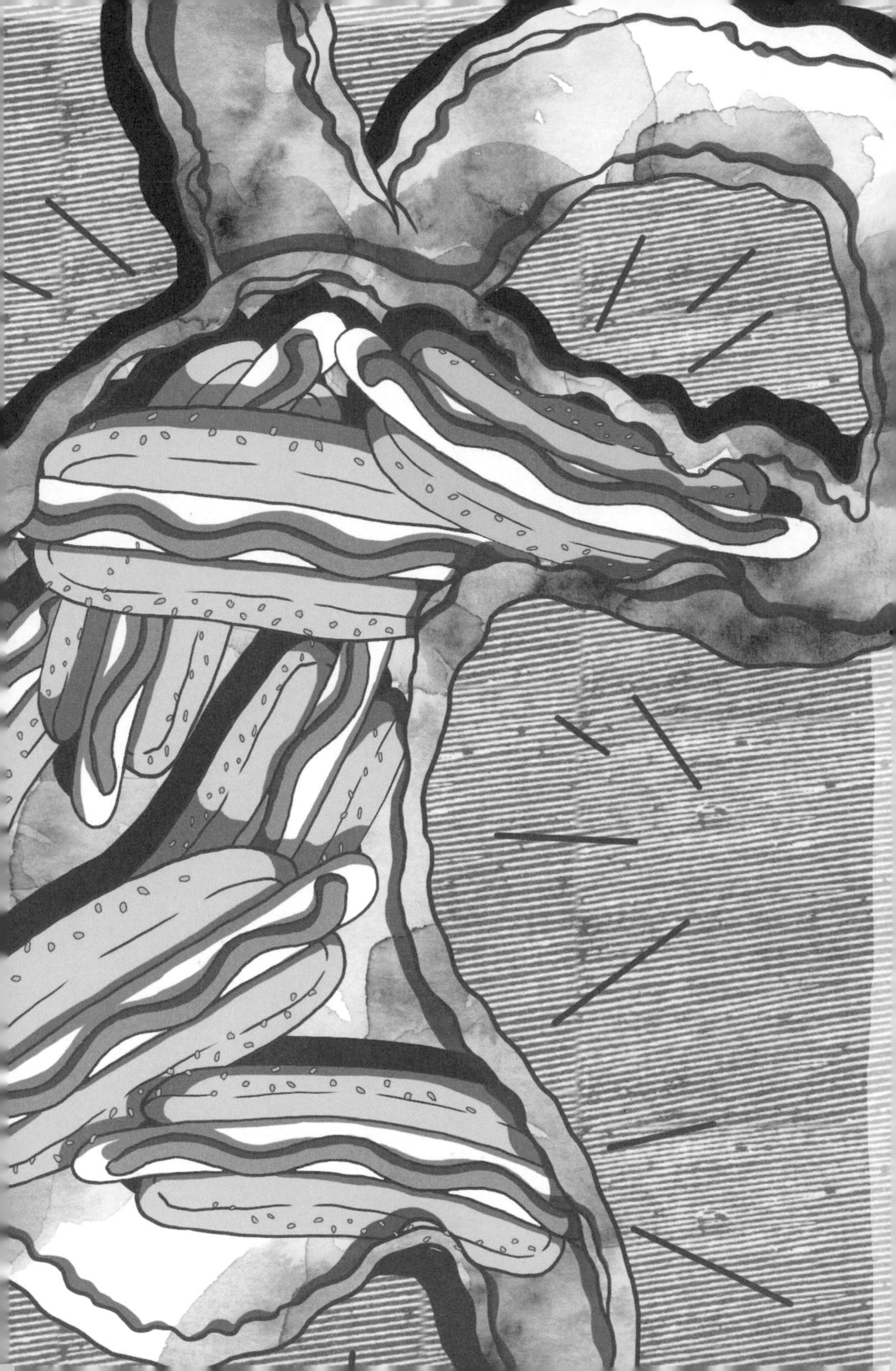

27 新聞讓我們對同理心產生錯覺

在新聞的哄騙下，我們會產生一種世界一家的溫暖感受。我們是世界公民，我們遭遇著相同的事，我們彼此息息相關，而整個世界就是一個地球村。我們唱著「We are the World」，跟其他幾千人以完美和諧的韻律，晃動著打火機上那小小的火苗。這種乘上千次方的同理心，感覺起來既美好又溫馨，但是它根本不能成為這世界繼續前進的動力。一種涵蓋一切的全球性連結的神奇力量，是個自欺欺人的天大謊言。事實是：我們不會因為消費新聞，而跟其他人或其他文化產生連結。我們之所以有所連結，是因為彼此互相合作、進行貿易、發展友誼、有親屬關係或彼此相愛。

每當我提到自己對新聞敬而遠之時，總免不了要聽到這種指責：「可是這樣你根本無法苦世上最窮困者之苦，無法對戰事與暴行表達關切。」

我的答覆在此：首先，我得這樣做嗎？在其他的大陸或星球上，肯定也發生了比這還更殘暴的事，那我是不是也得「表達關切」？這種事的界限在哪裡？舉例來說，媒體顯然會詳盡報導一架有本國人士遇難的小型飛機墜毀事件，可是對程度相當，但罹難者來自……暫且說是堪察加地區的墜機事件，卻幾乎不會提到隻字半語。

再者，「透過媒體消費來表達關切」，還有比這更自欺欺人的說法嗎？眞正的關切意謂著行動。看著《今日新聞》報導地震災民如何從瓦礫堆中爬出來，然後沉溺在自己的同情心中，不僅**無濟於事**，根本令人反感。

如果你心裡眞的在意那些地震災民、戰爭難民以及饑民的命運，你該奉獻的是金錢。不是注意力，不是勞力，不是祈禱，而是金錢。

談到注意力，在新聞網頁上追蹤地震災民的命運，你的注意力其實並不是投注在災民身上，而是聚集在該新聞平台的經營者上。那些地震災民察覺不到你的關注，倒是新聞平台的經營者可能感受深刻，而且是從兩方面：首先，透過把你的「注意力」轉賣給廣告客戶，他們賺到了錢；其次，因爲又多蒐集了一些關於你的資料，包括你的用戶行爲、個人性格還有情緒弱點，他們在未來可以更加鎖定你來進行廣告轟炸。你用你的注意力幫到的是新聞媒體，不是災民，與此同時，你還損害了自己的權益。

此外，奉獻自身勞力，這類行動的助益得視情況而定，有時候甚至是徒勞無功。不要親自跑到撒哈拉動手蓋抽水站，這種立意良善的瘋狂舉動，已經以所謂的**「志工的愚蠢」**（Volunteer's Folly）聞名。你或許可以自己動手每天蓋出一座水井，可是如果你堅守在平常的工作崗位上（也就是在你的能力圈之內），然後把賺到的錢送到非洲，你可以讓人在那裡每天蓋出一百座井。用這種方式，你更能夠幫助世界上的窮人。所以不要到當地去當志工，你該做的是捐出你的錢。

這裡有個點子可供你參考：如果你放棄消費新聞，每年你將贏回一整個月的時間。你可以把這段空閒時間的一部分轉換成金錢（或許以加班或兼差的形式），然後捐出因此而賺來的收入。最好是捐給像無國界醫生或地球社（Terre des Hommes）這類具公信力的組織。他們是專業人士，在自己的能力圈內工作，以應有的效率。

我也經常聽到這樣的反對意見：「不消費新聞，你根本不知道哪裡最迫切需要幫助。」其實這也是一種思考上的謬誤。因爲新聞媒體在決定要報導哪些災難時是有定見的，他們只報導：（1）最新發生的；（2）有精彩畫面可傳送的；（3）能夠扯上個人命運故事的災難。巴勒斯坦的衝突在報導這麼多年之後變無聊了；不上相的病毒拍不出好畫面；融化中的永凍層，最多只有在一輛車不幸卡在裡面時才叫嘆爲觀止。

依據這三種標準挑選出來的新聞，與公平客觀地判斷世間之苦難，可是半點邊都沾不上。那些局勢眞正危險動盪者——本來還可能有機會被阻止——幾乎從來就上不了新聞。

因此你大可放心：你的人道精神並不是依你對苦難新聞的消費來測定，甚至也不是依你當時所感受到的同情心。我建議你就這樣想吧：即使沒有新聞，這個世界也不乏苦難。你該定期捐錢給一些比較主流的援助組織，它們，而非新聞媒體，才最全面、最清楚地知道哪裡最迫切需要幫助。這個世界方才又有何處炮彈四射，關於這些事，你知道得愈少，你的錢就愈能鎖定最具意義的救援行動。

Take-away

這個世界充斥著暴行與災難。在新聞網頁上看著地震災民如何從瓦礫堆中爬出來，雖然不是假新聞，卻是假同情。你所投注的關切對災民根本毫無助益，只是贊助了那些新聞媒體以及新聞平台（Google、臉書，諸如此類）。我們必須幫助受害者，這點毫無疑問；不過你可以提供的是金錢，而不是注意力。

28 新聞助長恐怖主義

蓋爾紹（Gersau）位在瑞士國土中央，濱臨滿眼田園綠意的四森林州湖（Vierwaldstättersee），是個風景如畫、人口約有兩千人的小村子。這個「四森林州湖畔的里維拉」（觀光宣傳小冊子上是這樣寫的）溫和的微氣候，讓棕櫚樹甚至也能在這裡生長，這在阿爾卑斯山北麓極為罕見。在歷史上，有好幾百年的時間，蓋爾紹是個獨立的共和國，這個村子打死也不想成為瑞士聯邦的一部分。人們讓它維持這種狀態達三百年，直到一七九八年拿破崙橫掃瑞士，它的獨立狀態才宣告終止。然而當法國軍隊再度撤離時，這個村子又宣佈獨立了，不過這一次只維持了四年。今天，蓋爾紹是瑞士的一部分。

現在來做個思想實驗吧：假設你是蓋爾紹的村民，想讓舊時的獨立狀態重新復活；原因是，一來你覺得自己有捍衛傳統的義務；再者，你相信自己遭受瑞士其他地區人士的不公平對待。有哪些可能性能讓你的訴求獲得公眾視聽呢？或許你可以夥同同道中人，一起在村民大會上表決脫離瑞士獨立，不過可能沒有人會把你們當一回事，這個決議根本是一出你們小村子就沒人理了。你可以在網路部落格上公開你的宣言，不過可能缺乏觀眾。你也可以聘請公關公司來幫你做宣傳，結果可能一無所獲。又或許，你可以在伯恩的聯邦國會大廈前引爆一顆炸彈，配合寫著「解放蓋爾紹！」的大型看板當背景，這樣你可能就會在幾分鐘之內吸引到國內外媒體的注意力。想當然耳，你的行動會立刻遭受最嚴厲的譴責，但是……這會激起人們熱議。

現在想像一下，假若沒有新聞媒體，事情又會如何？炸彈爆炸了，這場攻擊變成伯恩人茶餘飯後的熱門話題，不過一出伯恩，它的效應可能就煙消雲散了。隔天的聯邦廣場看起來會跟之前沒什麼兩樣，而你的計畫不會有任何進展。

恐怖主義之所以能發揮作用，全都拜媒體之賜。恐怖份子眞正的武器不是炸彈，而是炸彈所引發的恐懼；眞正的實質威脅相對很小，心理感受到的威脅則很大。這種分裂現象，多虧了新聞媒體才能觸發。

自二〇〇一年以來，歐盟境內平均每年有五十人在恐怖攻擊活動中喪生。相較之下，每年約有八萬個歐盟公民死於交通事故，六萬人死於自殺。在德國，數據則是這樣：相較於每年有三千人因交通事故身亡，一萬人自殺，死於恐怖主義者不到三人。也就是說，被恐怖份子殺害的風險，比自殺的風險還要小三千倍。矛盾的是，如果你消費新聞，你會有種事實應該恰好相反的感覺。

把人殺掉，對恐怖份子來說並不是最重要的，他們尋求的是策略性目標：他們訴求政治變革，他們支持分離運動，他們試圖破壞執政者的信譽，尤爲甚者，透過新聞報導與輿論反應所得到的注意力，他們希望自己的訴求能被看見。

對史丹佛大學的政治學家瑪爾塔・克倫蕭（Martha Crenshaw）而言，恐怖份子是行事極爲理性的人：「在執政者與反對者之間的權力比很大時（……），恐怖主義就是一種合乎邏輯的行爲。」換句話說：恐怖份子其實是無權的弱勢，他們想迫使政治變革唯一還算有希望的方法，就是散播恐懼與混亂。而對此他們需要新聞媒體。

恐怖主義之所以在中世紀或羅馬帝國時代還鮮爲人知，有一個原因是：當時沒有新聞媒體。在新聞登場之前，當然也有攻擊事件、破壞活動與謀殺。只不過當時那些刺客的意圖是造成眞正的具體破壞，而不是操弄群眾意見與情緒。

以色列的歷史學家尤瓦爾・哈拉里（Yuval Noah Harari）寫道：「恐怖份子是精於操弄思想的大師。他們只消殺掉幾個人，就有辦法讓幾十億人置身恐懼與驚駭之中，撼動像歐盟或美國這樣龐大的政體。」他也說：「沒有大眾傳播，這種恐怖劇場就不可能成功。令人遺憾的是，媒體太常把這種宣傳免費送到府，他們幾乎是癡迷地報導著恐怖攻擊，並極盡所能地誇大它的危險。因爲現在有關恐怖活動的報導，明顯地要比糖尿病或空氣汙染好賣太多。」

所以，如果每個人都採取嚴格的新聞節食，恐怖主義這種現象應該就會像一場恐攻後的煙霧般快速消散。但假若你消費新聞，你就要意識到自己是在支持恐怖主義，即便你並非出於惡意。阻止恐怖活動的煞車，其實掌控在你手裡。❦

Take-away

沒有新聞產業就沒有恐怖主義。透過放棄新聞，並說服其他人也這樣做，你會逐步讓恐怖主義沒有立足之地。

29 新聞會毀掉我們內心的平靜

美好的生活具有哪些要素？或者換個問法：你該怎樣過生活，才能讓自己在回顧一生時，覺得它是「成功的」和「美好的」？在你還沒找到這個根本問題的答案之前，你的人生依舊只會在忙著不停處理危機中打轉。換言之：缺乏明確的人生哲學，你「虛度」人生的風險會很大。

決定要照哪種人生哲學過日子，其實並不是多麼大不了的事。重要的是你認眞思考過，並做出了選擇。我在《生活的藝術》這本書中描述過我的人生哲學，你的人生目標或許與我類似，也或許截然不同，這沒那麼重要，重要的是你有自己的目標，並對此了然於心。

回顧人類過去兩千五百年來的哲學史，也就是從最早有哲學記載以來，我們會發現哲學流派之間驚人的共同點。造就一個成功的人生，幾乎總少不了「內心平靜」這個要素，過去人們會用「沉著冷靜」、「心靈堡壘」、「平心靜氣」或「心平氣和」這些優美的詞彙來形容之。要能平心靜氣，方法之一是拒絕有毒的情緒。所以你應該把有毒的情緒，像是嫉妒、憤怒與自怨自艾，從個人的感覺目錄中刪除，愈快愈好。

這和新聞有什麼關係？很簡單：新聞會擾亂你內心的平靜。不只是透過它所傳遞的喧鬧紛擾，還有它在其中不斷助長的負面情緒。今天我們的恐懼、不滿、嫉妒、憤怒和自怨自艾，幾乎都因消費新聞而生。只要看一下網路新聞下面的評論，那迎面襲來的恨意，就足以令人心生畏懼。而且你要知道，系統演算程式已經自動濾掉其中最惡毒、最不堪的留言了。新聞與新聞評論引出人性中最惡質的一面，而你應該在自己和這座負面情緒的溫床間，設一道隔離閘門，讓那些無藥可醫的感染者和他們的新聞病毒單獨相處。

什麼是智慧？請在心裡想著一個有智慧的人，那是你個人的楷模，是人性的燈塔，像蘇格拉底、孔子、佛陀、耶穌、馬可·奧理略、赫德嘉·馮·賓根[10]、馬丁·路德·金恩或甘地。然後再假設這個充滿智慧的人今天還活著，如果他或她總得不時滑一下手機、看一下新聞，他／她在你心目中的形象應該會全毀吧。新聞沒辦法回答有關我們存在的大哉問。它讓我們覺得這個問題根本就不存在。小說、紀實文學、電影、音樂、美術、研究報告、論文，幾乎每一種內容形式，都比新聞更適合傳播智慧。智慧與新聞消費，這兩者就是完全不搭。

所有明智的人生哲學都有一個根本道理：人生在世，有些事你影響得了，有些你則無

10 譯註：赫德嘉·馮·賓根（Hildegard von Bingen, 1098-1179），又被稱萊茵河的女先知，德國中世紀神學家、作曲家、作家，同時也是哲學家、科學家、醫師及語言學家。擔任女修道院院長、修院領袖，後受封天主教聖者。在文學與思想上的成就，後人視為可與但丁相提並論。

能爲力。而最愚蠢的事，是對你影響不了的事生氣。斯多噶學派的人（古希臘羅馬時期一個非常講究實用的哲學流派）就以一幅弓箭手的圖爲象徵，一個弓箭手所能掌控的要素如下：自己選了哪一把弓、從箭筒裡抽出哪一支箭、出多少力去拉弓，而自己的弓又握得有多穩。但是從他射出箭的那一刻開始，一切就落在他無法掌控的範圍內。一陣風能讓箭偏離航道，箭可能在飛行中突然斷掉，可能有異物進入飛箭和目標之間，而目標也可能會移動。

百分之九十九點九的新聞事件，都在你所能影響的範圍之外。這個世界的哪個地方以什麼方式發生了什麼事，你都無插手置喙的餘地。把氣力轉移到你能影響的事物上，才是明智之舉。比起整個地球，無可否認那會是個小得多的世界，然而事情就是這樣。發生在你的生活、你的家庭、你的鄰里、你所住的城市以及你工作上的事，是你有辦法影響的，至於其他的事，你得無條件接受。

哲學家愛比克泰德曾在兩千年前提出進一步的哲學主張：「你關注的是什麼，決定你變成怎樣的人……假若你無法決定要在自己的腦袋裡裝進什麼思想與意象，別人會幫你決定。」相對於讓自己的腦袋充滿有智慧的東西，消費新聞會讓你成爲另一種人，擁有另一種性格——你會變成一個較糟的人。想獲取智慧，我們應該「下定決心以幾個大思想家爲師，並完全吸收他們的作品」，哲學家塞內卡（也是在兩千多年前）如此建議。新聞消費就像趕場式地到此一遊，「當一個人用他所有時間在國外旅遊，」塞內卡這樣說：「那他會認識很多人，但不會交到朋友。」

擁有自主決定何者爲輕何者爲重的自由，是美好人生的根本，比言論自由還更根本。每個人都有權利不讓那些以重要且創新自居的東西攪亂自己的生活，我們的腦袋塞得太滿，我們得促進它新陳代謝，讓它排毒，清除它的垃圾，而不是額外塞進更多東西。減量要比增添帶來更多效益，**少就是多**。❦

Take-away

從新聞裡，你找不到關於我們存在的大問題的答案，甚至連小問題的解答都付之闕如；它頂多只會讓我們失去內在的平衡。心平氣和與新聞消費，這兩者就是不搭；更別說人生智慧與新聞了。你想變得更有智慧一點嗎？那就不要讀品質低劣的新聞，讀好書吧！

30 還沒被說服？

在前面的篇章裡，你聽到了關於反對新聞消費的諸多炮火強大的論點，而我很希望你也能被這種新生活模式的優點所打動。你需要讀本章的唯一前提，就是我尚未成功說服你。既然如此，請再給我一次機會吧。對你，我有個建議，這只會花你二十分鐘；比起之後你可望省下的時間，這只是九牛一毛。

請你拿一張紙橫放在桌上，由上而下畫出直線，把它分成十欄。接著由左到右，用過去的十個年度在每一欄裡加以編號，例如從二〇一〇、二〇一一、二〇一二……到二〇一九。現在在這張紙的中央橫畫一條線，也就是說，你把這十欄中的每一欄都分成了上下兩半。然後在每一欄的上半部，寫下你記憶所及，發生在那一年度的最重要新聞，不要作弊也不要Google。這個練習的目的是要讓你知道，新聞的存在是多麼短暫。比方說你在二〇一六年那一欄寫下「川普當選美國總統」，或在二〇一一年那一欄寫下「敘利亞戰爭開始」，以此類推。你會發覺，這十年內你抓取到自己腦袋裡的二十萬則（！）新聞，幾乎沒留下多少痕跡。

接下來請你在每一欄的下半部，記下你的生活在那一年發生過的重大變化：你贏得的勝利，遭受過的沉重打擊，你有過的頓悟，性格上的重大發展，你的家庭、事業與朋友圈，你的閒暇生活、精神生活與心靈世界。也許你結了婚，也許你有了自己的孩子，也許你決定回學校念書或中斷學業，也許你被炒魷魚，也許你罹患了癌症或遭喪父之痛，也許你贏了樂透、買了房子、環遊了世界、開創了自己的事業。無論那是什麼。

接下來請你好好想一想，有哪一則新聞訊息（從這張紙的上半欄）直接影響了你的人生（下半欄）。說不定二〇一五年歐洲的難民危機，讓你在一年後停下原本的工作，啓動一個個人的援助計畫。如果是這樣，請用一枝較粗的筆，在二〇一五年的歐洲難民危機與你二〇一六年的個人援助計畫之間畫出連線。在這十年當中，你找出了多少條連線呢？什麼？連一條都畫不出來嗎？其實你也不必失望，因爲這很正常。新聞世界與你的個人生活，就像彼此互不相干的兩個宇宙。也就是說，你大可放心地無視那一整個新聞世界的喧囂鬧騰。而即使你找出了一條連線，兩者間大概也不需要新聞來作爲其中的傳輸機制。舉例來說，假若在二〇一五年的德國之翼墜機事件（上半欄）中，你的岳母不幸遇難（下半欄），這兩者之間的關連性，與是否有新聞來傳遞訊息無關。

仍然沒被說服嗎？我的老天，你可眞固執！好吧，這裡還有個建議：請花一整天的時間到市立圖書館翻翻十年或二十年之前的舊報紙吧。你會發覺，幾乎所有的新聞報導都錯失了重要議題。新聞記者不僅沒有辨識出時代徵象的慧眼，甚至還錯誤地解釋了錯誤的徵象。舉例來說，你可以去翻翻二〇〇七年的隨便哪份報紙，卻幾乎找不到一點當時即將發生金融危機的跡象。頂多就是極力吹捧那些超級成功的金融業務交易員。這整起事件被一大團白雜訊[11]濃霧環繞，這團濃霧是由雞毛蒜皮的故事、無關痛癢的事實以及微不足道的醜聞所組成，而那些故事的主角，今天已經不再有人認得。翻閱那時候的新聞，你會覺得簡直太荒謬可笑；而十年後，你也會覺得我們今天所消費的「重大新聞」同樣荒謬絕倫。

你可以在網路上找到德國《今日新聞》節目的舊檔案，我們就大膽地來回顧一下吧。本書在德國的出版日期是二〇一九年九月三日，距今二十五年前發生了什麼事呢？只要在 Google 上輸入《今日新聞》一九九四年九月三日，你會看到：基督教社會聯盟黨（CSU，簡稱基社黨）在慕尼黑舉行政黨大會、建築工人抗議取消惡劣天氣津貼、戈巴契夫（已不在位）表達贊同東德土地改革、德國最後的俄羅斯駐軍撤離、比利時慶祝二次大戰後解放五十週年、總理柯爾爲一間博物館開幕、中國與俄羅斯要拓展彼此的合作關係、福斯汽車計畫擴廠至印度、文達不來梅（Werder Bremen）戰績名列德甲榜首、波茨坦的兒童節慶，還有樂透開獎號碼。試想一下，假若這集《今日新聞》基於不明原因一直都沒能發表，會有什麼後果呢？沒錯，就是零。新聞產業是一個社會的盲腸——沒有功能，但總是在發炎。所以對待它的最好方式，是把它割除。

11 譯註：白雜訊是一種功率譜密度為常數的隨機訊號，因各個頻率的成分都有，相當於白色是由各顏色所組成，故有此稱。其起源於數學與工程學，今天常應用於聲學、電子學等，如為減弱內部空間中分散人注意力並且不希望出現的雜訊（如人的交談），使用持續的低強度雜訊作為背景聲音。

31 那民主政治呢？（上）

或許我用這本小書成功地動搖了一點你對新聞的信仰。但願我也說服了你以及一些其他讀者，沒有新聞的人生是比較美好的。可是有一點再明白不過：大多數的人還是認為每天關心一下天下大事，是有文化修養與社會責任的生活方式的一部分。放棄看新聞，很快就會被說成是不道德的行為，大概就像星期天不上教堂在中世紀時那樣不道德。就此而言，有關民主政治的問題（新聞不是民主政治的一種必要根基嗎？）是最常被提出的反對意見。不過幸好要駁倒這個論點，也不是太困難。

假設所有人都拒看新聞，真會因此損害民主嗎？或許我們可以把這個問題拆成兩個子題：在投票選舉和公民表決時，人要如何做出正確的抉擇？還有，誰要來監督當權者？

針對第一個問題：放棄新聞後，人們仍能在投票和表決時保持明智嗎？沒有新聞，究竟還可不可能進行政治對話？上述問題其實皆暗示著，人只有透過新聞媒體才能形成穩固紮實的見解。然而這根本不對。有意思的是，那些現代民主精神之父（盧梭、休謨、洛克和孟德斯鳩）全都活在新聞氾濫以前的時代裡。而且當時有的是思想內涵豐富的政治對話。它一方面是透過書籍、小冊子、論文、辯論社團或公開的集會來進行；另一方面則是因爲政治沙龍有如雨後春筍般冒出——有趣的是，大多是由女人開設的——這對促成熱烈的政治對話頗有貢獻。而過去四百年裡，那些重大的民主變革，像是美國大革命、法國大革命、一八四八的革命、德意志民主共和國（前東德）的垮台，都不需要《今日新聞》、不需要線上新聞入口，也不需要新聞訂閱。反之，由新聞所驅動的民主運動卻失敗了——關鍵字：「阿拉伯之春」。

讓我們回溯得更久遠一點：在兩千五百年前的古希臘時代，沒有報紙、電視和網路，但民主也運行無礙（該注意的是：這是一種排除了女人、奴隸以及三十歲以下男性的菁英式民主）。當時的人是如何了解這些的呢？人會自主思考，也會與他人討論。沒有人會爲了替雅典達成更好的決策，動腦筋要求得有一部專門散播無關緊要的訊息的機器。

回到今日。我們應該如何在沒有新聞的情況下，也能明智地進行選舉投票和公民表決？這是我對選舉的建議：第一要務是審視候選人履行過什麼承諾，其次才是看他現在的承諾。要得到這些資訊，你可能得上網 Google，而且點著點著，你或許會打開一個新聞網頁。不過沒關係，只要決定網路搜索路徑的人是你自己，而不是媒體機器就行。

關於公民表決，答案就更簡單了。在瑞士，選民都會在一項公投進行前收到有關此次提案法令修改的文件，正反兩方最重要的論點皆收錄在內。要對一個議題產生深入且紮實的見解，這是個可靠的參考基礎。任何人只要放棄消費新聞一天，就會有足夠的時間好好地了解公投草案，然後成爲更優秀的民主信奉者。通常我還會跟三兩好友針對草案進行討論，以蒐集一些或許與我立場相反的意見。要一直等到自己也同樣能代表反方立場充分立論時，我才會覺得自己夠資格談論這個議題，並對它進行表決。

新聞對民主政治不僅不重要，有時候還甚至有害。沒有人會懷疑，過去三十年來的政治論述品質明顯下降了。而這段時間跨距，與新聞洪流的來襲恰好重疊。數不清的私人電視台與廣播電台出現在節目表中，市場上的免費報紙氾濫成災，不停歇放送的新聞頻道搶攻進網路，而網路讓它們有辦法免費大肆散播最無關緊要的新聞。然後，拜智慧型手機之賜，新聞自二〇〇七年起，找到了深入我們個人生活領域最隱密角落的門路，從此，它總是被我們握在手中、放進口袋，還跟著我們一起溜進被窩。

高漲的新聞洪流與低落的政治論述品質，這兩者的關係或許純屬巧合。但我並不這麼認爲。它的整個發展過程，讓人不禁聯想到一種在「軍備競賽」情況下可以看到的機制：例如在一場足球賽現場，你前面的幾個觀眾爲了要有更好的觀戰視野，全部踮起了腳尖，於是所有人都被迫踮起腳尖。最後除了每個人的小腿都抽筋了之外，這個舉動的整體淨效應是零。新聞製作與新聞消費的情況也正是如此，有人在大聲嚷嚷，其他人就得喊得更響；一方論述得愈難聽愈不像話，其他方就必須回應得更難聽更不像話。其後果是：白雜訊與兩極化的社會。新聞已被帶向一種向下競爭的比爛境地，而那些喜好大肆渲染的超短新聞快訊，就是它們的基本共同點。在這場向下沉淪的競賽中，它們自己既停不下來也回不了頭。然而你沒有必要隨之起舞，如果你想當個優秀的民主信奉者，就更加不能。❦

32 那民主政治呢？（下）

在上一章可以看到，比起把頭埋進新聞風暴裡，戒掉新聞能讓你成爲一個較好的民主信奉者。現在來看看有關民主政治的第二個問題：假若所有人都致力於戒斷新聞，該由誰來監督有權勢的人？

唯有在新聞得以揭發事實眞相、呈現事件複雜性時，民主政治才得以運作，而這類報導遠比一般新聞還要處境困難。我們需要兩種類型的新聞，一種是能揭露眞相及弊端的調查型新聞，另一種則是能描述全貌、傳遞背景資訊及提供說明，我們稱之爲「解釋新聞」者。然而這兩種類型的新聞都不好做，也比較昂貴；兩者都要求新聞製作方得很專業，新聞消費者得很專注；還有，兩者在當前的新聞體制中，都運行得很糟。

關於調查型新聞，歷來最知名的例子就是「水門案」，也就是那件濫用職權、讓尼克森總統栽跟頭的政治醜聞。少有調查研究案例能像它如此轟動，在地方層級上更幾乎不曾有過。但這無傷大雅，這類新聞依舊很重要。毫無疑問，我們非常需要有能力監督當權者的人，不管是在全球、在區域或在地方層級上。可惜有本事這麼做的新聞記者少之又少。相對於一般新聞記者，調查型記者必須在一篇報導文章上投入許多時間，有時候是好幾個星期或好幾個月，而這與一般新聞傳播業恰好相反，一般新聞大多只需要「複製」和「貼上」就夠了。對於自己所要下筆的議題，調查報導記者必須與當權者一樣透徹深入。與一般新聞記者不同，他得離開舒適的工作環境，大膽走進粗暴眞實的世界中。調查型記者不會滿足於已可公諸於世的初步故事，她或他會挖掘得更深，不惜弄髒雙手，就是要追根究底、再三確認。

那些有待揭露、偶爾甚至有機會造成轟動的調查發現，非得以新聞小菜之姿急著報導嗎？根本不需要。弊案是早了或晚了一天、一個星期或一個月公諸於世，經常沒那麼重要。重要的是正派、深入且完整地研究了整個事件。沒錯，水門案是發表在日報上（華盛頓郵報）的調查報導，但是報導文章的篇幅很長（介於九千到一萬六千字之間），相當於可塡滿《法蘭克福彙報》上一整版不附圖的純文字版面，和新聞短訊呈現強烈對比。鮑伯・伍德華（Bob Woodward）和卡爾・伯恩斯坦（Carl Bernstein）當然也可以把他們的研究以長篇報導文的形式發表在雜誌上，或是鉅細靡遺地刊登在部落格上（如果一九七二年已經有這玩意兒的話），或者也可以出書。所以即使與新聞保持距離，你也絕對不會妨礙這個國家第四權的發展。恰好相反：你支持了眞正具有可信度的調查報導。

至於我們非常急迫需要的第二種新聞，也就是「解釋新聞」：這裡所說的是揭示事件重要發展背後的背景資訊、導火線、助長條件與關連性，並且提出解決的辦法。與它相容的格式，是報章雜誌上的長篇文章、特寫專欄、紀錄片節目、播客和書籍。

而撰述這類新聞所需的能力，也與一般只講求表面報導的新聞完全不同。如同他們在調查報導新聞的同儕一樣，解釋新聞的記者基本上必須是行家。而人只能在一個，最多兩個專業領域中成為行家，一個分別在十個、二十個或三十個不同議題上表達意見的記者，無法讓人認真看待。他的分析、見解以及「對這個世界的說明」——即使是以精練的文字來呈現——還是無可避免地缺乏價值。

所以本書也抱著這樣的希望，希望有才華的記者能揮別一般新聞，轉換到調查新聞或解釋新聞的跑道；也希望天分比較不足的記者能另謀出路，這樣一來，不管對整個社會或對他們自己都有好處（因為情況也並非新聞雖糟但收入很好）。也就是說，那些有所自我要求的記者，免不了得在一個能力圈內（見第九章）自我充實；他們必須成為一個特定領域裡的專家，此外還必須具備絕佳的溝通能力。而這種雙重挑戰，只有少數人能勝任。

這少數的人，會對自己所提供的知識及能力要求報酬。而誰該付費呢？除了訴諸專業出版之外，尚未有任何商業模式證實能穩定地在一個較廣泛的基礎上，支撐解釋性新聞的存在。然而當愈多人放棄新聞並開始要求媒體品質，這種商業模式終有一天行得通的可能性就會愈高。就像飲食習慣的改變一樣，它必須由消費者這一方啟動，市場隨後才會跟著調整。

33 新聞午餐

這裡有一個關於我們可以怎樣活化公共空間，或甚至可以活化民主政治的點子，而且不必仰賴那些會讓人變蠢的新聞。方法如下：

每個人都得吃飯，特別是在中午。有時候我會自己在辦公室裡用餐，那通常進行得很快，而且我可以順便聽一本有聲書；有時候我會有工作上需要的商業午餐，或是與某個朋友進行午餐聚會（沒錯，其中當然也有記者）。不管我的對象可能是誰，我總習慣這樣問對方：當我們最後吃完飯、摺起餐巾時，該以什麼標準來判斷這是不是個成功的午餐聚會呢？答案多半是：如果能從與我共餐的同伴身上（而他從我這裡），學到某些我（或他）至今未知，但既眞實又重要的東西——一種有助於我們更理解這個世界的新觀點。

特別具有價值且令人愉快的，總是這樣的一頓午餐：如果每位共餐夥伴的話題，都能集中在一件事上。這能讓交流進行得更爲深入，而不是只在表面游移。除此之外，我也會學到這個夥伴是如何處理他的議題、如何與其奮戰，以及如何獲得有關這個議題的知識——他從我身上亦然。假如我的午餐對象是個記者，他會對我描繪他現在手中最重要的故事。不是兩個故事，也不是三個，而是一個。這樣我就能得知這個故事的細微之處、其中的灰色地帶與整件事情的來龍去脈，還有這個記者本身的態度（所謂的「詮釋資料」）。

十五分鐘之後，我們會互換角色，輪到我來主講。現在反過來，他也會從我這裡得知一個目前正在折騰我的問題——只有一個，不是兩個或三個。那可能是我書中的某一章，或是一個有關事業的點子。而這也會用掉十五分鐘，接下來在 Espresso 端上桌以及結帳之前的時間，我們會繼續聊其他話題，或更深入交流彼此剛才的分享。這種模式，我將其稱之爲「新聞午餐」。新聞午餐結束後，我會步伐輕快地散步回辦公室。一頓這樣的午餐還從未令人感覺失敗過，至少對我個人來說是如此。

我們顯然可以進一步思考雙方各分享十五分鐘的新聞午餐這個點子，並將它公開給更多午餐不只有興趣吃魚、吃肉或吃素，也想吸收新想法的人。我們可以在市區租下一個空間或一家餐廳，定期舉行新聞午餐。每個人都可以透過一個手機應用程式或網站，來報名參加（並同時付費）當天的新聞午餐。每個工作天的中午十二點左右開始，兩份鮮脆爽口各十五分鐘的報告，配上一份健康的午餐。具體的程序或許是這樣：一個新聞記者在十五分鐘內報告他手邊最重要的故事，就一個，不是兩個或三個。故事的焦點不在大標題，而是它的背景脈絡。記者的手法，也就是他處理這個故事的方式、故事的氛圍以及調性，都必須包含在報告內容裡。一個故事愈具地方性，與大部分參與者的關係就愈密切。

然後是一位科學家（或另一位記者，假若他同時也是專業人士）報告一個因爲進展緩慢、太過抽象，既無法提供爆炸性影像，也沒劇情可扯上個人，所以幾乎不可能上得了媒體的故事。第二個報告同樣進行十五分鐘。兩個報告之後上場的，就是一份健康且有效率的午餐——不論是自助式或有人替你服務。整個新聞午餐所需的時間，包括用餐，大約是六十，最多七十五分鐘。

吃飯時可能會談些什麼呢？當然是之前分享的那兩個議題。就餐桌上的智慧對談而言，沒有比這更好的出發點了。再加上身為參與者，每次都有機會與一些新的人碰面，他們同樣是為了要理解「世界運作之機制」而來。簡而言之，新聞午餐是一種趁午休時刻在精神上、飲食上以及社會關係上的提昇與精鍊。

該由誰來發起新聞午餐呢？可以是餐廳、私人企業或媒體業者本身，畢竟每個參與新聞午餐的人都可能是潛在訂閱者。在大城市裡，肯定有空間容納數場具競爭力的新聞午餐。隨著時間過去，客人會知道哪裡聚集了最有意思的群眾來用午餐，哪裡又可以聽到最重要的分享報告。

或許從這個點子，可以衍生出一種能擴及更多城市的運動。試想你在一個陌生的城市裡，中午到了，而你不認識任何一個可以共進午餐的人。沒錯，你當然可以隨意找家餐廳，獨自坐在某個角落吞下一個漢堡。然而還有比前去尋訪這個城市的新聞午餐更明智的做法嗎？內容保證聰明知性，食物保證美味健康，參與者保證精彩可期，整個過程都值得信賴，收取的費用也很公道。天曉得，或許從這種模式會發展出一種沒有正式會員，但遍及全球的社群，由那些受夠了傳統新聞只能暫時止饑的快訊、渴望更了解這個世界的人所組成。

避免無益的閒扯（Avoid trifling conversation）。班傑明．富蘭克林的十三個人生信條之一如是說。這一點特別適用在餐桌上：一頓美好的午餐，無論在任何方面都該富含營養。❦

34 新聞的未來

新聞的未來將何去何從呢？在我看來，會有四種趨勢。

趨勢一：新聞的氾濫程度會呈現指數增長。住在這個星球上的人愈多，發生的事就會愈多——各種紀錄與發明，各種殘暴的、美好的以及超乎想像的事。一個有著一萬人口的村子所能提供的新聞素材，遠比一百億人口的社會來得少。人與人之間可能的互動，並非隨人口數以線性，而是以超比例的方式來增加。再加上新聞的製作與出版成本降到趨近於零，因此新聞的氾濫程度，也會跟著不以線性，而以指數性成長。不過在這白雜訊爆增的同時，新聞對個人生活的重要性依舊幾近於零。

趨勢二：新聞會無時無刻、無所不在地包圍著我們。過去，人們只在特定的時間與地方讀、看或聽新聞，有些時段有新聞，有些沒有；有些地方有新聞，有些沒有。然而今天新聞出現在所有的時段、所有的公共及私人空間裡。而這個趨勢看來仍會繼續下去。爲什麼公車與電車裡得有播放新聞的螢幕？爲什麼加油站也要有？火車站裡又爲什麼需要巨大無比的電視牆？答案：這種日漸猖獗、令人難以忍受的現象之推手，依然是新聞和廣告這一邪惡聯盟。也就是說，新聞製作者與新聞消費者的利益並沒有被等同看待。新聞在我們工作時陰魂不散，更透過手機跟著我們進入洗手間和臥室裡。現在已經有一種浴室的鏡子，可以在你早上刷牙時對著你播放新聞。任何在紐約坐上一部計程車的人，都得忍受新聞的轟炸。也許我們很快就可以拿到一種設計師設計的免費太陽眼鏡，只要你一戴上，眼前便會開始播放結合了新聞與廣告的折扣特賣訊息。新聞無所不在，想避開它的人，就得採取極端手段。

趨勢三：電腦演算法愈來愈了解我們。任何你曾經在個人資料上留下一點蛛絲馬跡的地方（Google、臉書、亞馬遜、蘋果電腦、你的網路提供者或某新聞網頁），都有運作中的程式在針對你個人製作一張愈來愈清晰的圖像。許多演算法對你的認識，可能比你自己所能描繪的更多——你的喜好、政治傾向、消費行爲、你的事業和休閒活動、你有哪一種私人關係、你的日常作息、你的願望、煩惱與成績。這些演算法知道怎樣最能打動你，它們比你的伴侶更清楚你的喜怒哀樂。也就是說，這些程式會精準地以某些你最有感的訊息、圖像與影片來誘惑你。它們這麼做可不是沒有目的。藏身在那冰冷計算機之後的，是赤裸裸的利益，那些想要看到錢——你的錢——的公司老闆以及股東的利益。而這基本上總是跟想推銷某些東西給你有關，不管那是廣告、商品、政治見解或世界觀。沒錯，在我們還看著印刷版的報紙時，情況就已經是這樣，他們通常也得透過廣告來維持營運，爲了讓讀者注意到廣告，也會將其置入新聞以作爲誘餌。然而那些報紙對你一無所知，因此印在那上頭的廣告在效果上也相對有限。可是今天電腦的演算法在設置新聞誘餌（專業用語叫「點擊誘餌」〔Clickbait〕）的精準度上，不知道比過去遠高出多少。其後果是，想對這股新聞洪流敬而遠之的困難度愈來愈高。試想，如果香菸、酒精和古柯鹼這些東西不僅不用錢，還有雙看不見的手，整天不管何時何地都能免費供應，毫無疑問地，大多數的人都會因此對這些東西上癮。而這正是今日我們在新聞消費上的寫照，對新聞上癮的門檻很低，不僅是低於零，甚至呈現負值。在想辦法取得新聞與不去消費新聞之間，後者還得仰賴紀律才能做到。

趨勢四：新聞愈來愈脫離事實真相。演算法不僅知道你在內心深處是個怎樣的人，它們也愈來愈有創意。現在不需要人，電腦程式靠人工智慧也能自行生產出文字、圖像和影片。再過幾年，人工智慧製造出來的新聞恐怕以假亂眞，你將再也分不清它與眞新聞的差異。不僅如此，這些假新聞甚至還可能比眞新聞更吸引人，這倒也合理，因爲它們被製造的唯一目的，就是要奪取人們的注意力，眞實世界是如何，它們根本不再理會。或許你會自問：誰有興趣去散播假新聞呢？答案很簡單：每個想要挾持你的注意力——愈久愈好——以對你放送廣告並挖光你個人資料的組織，對此都有興趣。此外，還有那些想操縱你的觀點，尤其是你的政治立場者。假新聞一直存在，中世紀末的傳單與戰爭期間的宣傳就是例子，然而今天最重要的差異在於：未來不再是由人主動假造新聞。相較於過去每個謊言背後都有人在主導，這些人基於道德良知，至少還會有所掙扎；很快地，這一切背後就只會有電腦程式，而它們沒有道德良知。

新聞把我們的腦袋完全變成漿糊的危險大增，這場愈來愈巨大的洪水巨浪一波波襲捲而來。在你還有足夠的氣力時趕快上岸吧，時間愈來愈緊迫了。❦

35 自由的感覺

一六四九年一月二十六日，英格蘭、蘇格蘭暨愛爾蘭的國王查理一世被判處死刑。他想要廢除議會，自己治理國家，這項舉動引發了內戰，而他是打輸了的那一方。就像當時其他所有國王一樣，查理自認君權神授，然而有一大部分的百姓還是摘除了他的權力。這應該是歐洲歷史上第一次有國王被處死，是否真能這麼做的不確定感到處瀰漫，人們戒慎恐懼，擔心可能的後果。神會讓這個世界陷入混亂中嗎？

一六四九年一月三十日下午兩點，在幾千雙愛看熱鬧的眼睛前，國王走上了斷頭台，把腦袋擱在刑架上，短暫祈禱之後，他向劊子手示意，自己已經準備好受死。接下來，斧頭乾淨俐落地一斬，他的人頭滾地。圍觀的群眾齊發一聲驚呼，有些人把手巾浸入國王流淌而出的鮮血當中。

一月三十一日，也就是隔天，人們照常過日子。泰晤士河依然流動不息，鳥兒還是啁啾鳴唱，太陽照既定的時間昇起，乳牛生產著牠的奶，麵包師父烤著他的麵包，新生命照樣誕生，生日照樣慶祝，地球繼續在運轉——即使沒有了國王。

我觀察到，人們對新聞有著一種類似於過去對國王的敬畏。聽到戒斷新聞的第一個反應總是：眞的**可以**這麼做嗎？好像我們生活的意義會一筆勾消，整個社會不久之後也會完全崩解，只因爲我們決定不再收看新聞。聽起來或許可笑，但是對許多人來說，生活中沒有新聞確實是不可想像的，一如三百五十年前，人們無法想像沒有國王的日子一樣。想當然耳，媒體總是不遺餘力地想維持並鞏固「新聞很重要」的光環，他們在電視上播放著讓人印象深刻的預告，裡面有飛機、火箭發射、總統以及轉動著的地球等快速剪接的畫面——全部配上豪氣萬千的音樂。他們想要表達的驚人之語就是：這關係到一切！然而事實上這根本與一切無關。

有好幾百年的時間，那些國王不受質疑地穩坐在王位上，然後人們砍掉他的頭，並赫然發現：沒有國王，一切仍運作如常。而我們對新聞也正是如此，完全放棄新聞，乍看似乎是極端、放肆、不道德、自私自利且離經叛道的行爲；然而有天當我們的子孫記起今天這些新聞中毒者，將只會搖頭嘆息。

在你開始進行新聞節食的初期，做了什麼不得體的事的感覺或許會下意識地跟隨著你。我的情況正是如此，彷彿自己的行爲是可憎的，彷彿得知一切時事是個高尚正派的公民應盡的義務。所以剛開始時，我其實並不清楚這會不會是個只有三分鐘熱度的自我試驗，也就是自己一時興起、說不定幾星期後就會放棄的瘋狂舉動。當時我的想法也還不怎麼成熟，我沒有跟任何人提到這個自我試驗，所以每當聊天的話題來到時事，我總是假裝我當然讀了那些新聞，只不過沒有特別關心。當其他人針對他們在《每日新聞》裡不經意看到的某條新聞開玩笑時，我會跟著一起笑；當其他人提到發生在地球彼端的天災時，我則會做出沉思的表情，好讓他們認為我當然不可能沒注意到這場災難，只不過我腦中已處理過那些資訊，因此沒辦法爆出不由自主的情緒反應。總之，只要行得通，我就演戲矇混過去。我對跟不認識的人碰面有點顧忌，因為你總還是得先找一下能打開話匣子的話題，而除了天氣之外，人們最快聊到的就是時事。當時要對他人提到自己的試驗，還是有點難堪。

然而隨著時間過去，我愈來愈確信自己是走在一條正確的路上。我的論點更敏銳、生活感受更明朗，我的時間更具彈性、決策能力更好，也更心平氣和。而這所有的一切，你也會親身體驗到。親愛的讀者，現在你手上握有反對新聞消費的充分論據，你必須做的，就只有付諸行動。

你害怕「沒有新聞」的生活會讓你在聚會上變成一個無聊的人嗎？不用擔心。你或許不知道某位總統刪掉了他引起眾怒的某條推文，但是現在你更了解這個世界，而且能夠把這份理解分享給你的朋友。不要對你的新生活方式感到難以啟齒，別人會對此聽得入迷。假若你們的對話不幸陷入冷場，沒有比提出這個問題更好的催化劑了：「這星期有哪些重要的頭條新聞呢？」你會看到大多數人有多愛跟你做全盤報告。尤有甚者：他們還會為此喜歡你，因為你為他們提供機會，分享自己浩瀚無邊但毫無用處的新聞知識。對此，你就報以一抹智慧的微笑，加以接納吧。❦

謝辭

我要感謝柯妮・傑畢斯托夫（Koni Gebistorf），本書的文字在她手中得到可靠的校閱編輯以及必要的琢磨潤色。對於替每一章提供插畫的繪者艾爾・波丘，我也想送上最誠摯的謝意。

在通俗實用類書的領域裡，我還沒有認識一個比披珀出版社（Piper Verlag）的馬汀・揚尼克（Martin Janik）更專業的審稿人。審校過我的《思考的藝術》、《行爲的藝術》與《生活的藝術》之後，我很高興他也接下了這本書的任務。

納西姆・塔雷伯（Nassim Taleb）是第一個讓我注意到新聞會誘發思考陷阱的人，我對這方面能有許多知識都要感謝他——雖然我不再確定到底是哪些。我原本是以英文撰寫這一方面的論述，而雷內・朔伊（René Scheu），《瑞士月刊》（*Schweizer Monat*）當時的編輯以及《新蘇黎世報》目前的副刊主編，在二〇一一年把它翻譯成德文，然後刊登在《瑞士月刊》上。

如果我沒有在過去幾年，與下述這些人針對新聞消費的議題，進行過無數的談話以及電子郵件、書信的交流，就不會有這本書的存在。我要感謝他們珍貴的意見（以下排序乃隨機）：Thomas und Esther Schenk, Manfred Lütz, Kipper Blakeley, Valerie von der Malsburg, Peter Bevelin, Matt Ridley, Michael Hengartner, Martin Vetterli, Guy Spier, Tom Ladner, Alex Wassmer, Schoscho Rufener, Marc Walder, Ksenija Sidorova, Georges Kern, Avi Avital, Uli Sigg, Numa und Corinne Bischof Ullmann, Rolf und Elisabeth Jenny, Barbara und Riccardo Ciarpaglini, Holger Ried, Erich Bagus, Wolfgang Schürer, Anja Hergenröther, Ewald Ried, Marcel Rohner, Nils Hagander, Stefan Brupbacher, Lorenz Furrer, Nicole Loeb, Andreas Meyer, Thomas Wellauer, Urs Wietlisbach, Walter Thurnherr, Norbert Riedel, Raffaello D'Andrea, Daniel und Adrienne Surbek, Myriam und François Geelhaar, Lou Marinoff, Tom Wujec, Urs Baumann, Pascal Forster, Martin Spieler, Georg Diez, Angela und Axel Keuneke, Daniel Dennett, Ruedi Matter, Christoph Tonini, Simon Bärtschi, Marc Werner, Christian Dorer, Gieri Cavelty, Jean-Rémy von Matt，我的母親 Ruth 和父親 Ueli，以及很遺憾已經離開我們的 Franz Kaufmann。

此外，我最感謝的是我的妻子。她停止消費新聞的時間要比我早得多，早在我們認識彼此之前。認識她，我何其幸運。她永遠有用不完的點子，並且總是我的第一個校閱者；而她那枝無情的紅色原子筆，親愛的讀者，對你而言是一種贈禮。

杜伯里的免責聲明

本書所有的論述——也適用於我所有的實用書——反映的是我一直到出版日爲止，對事物所能得到的最清晰也最眞實的觀點。我爲自己保留任何時候皆可修改這些論點的權利，說不定我甚至還會以反駁自己爲樂。不過會讓我修改或反駁自己論點的唯一理由，是爲了更貼近事實，從不是爲了從中獲取一己之利。

附錄

在此我只列出最重要的節錄、專業技術上的參考文獻、推薦書目以及評論。大部分的節錄是以原文呈現。

你會聽到一根針掉下來的聲音

◆這篇文章的最初版本發表於二〇一一年春天，在我的個人網站上。我從來沒有哪一篇文章引起過這麼多迴響（正、反意見都有）。

◆《衛報》所刊出的精簡版是：〈新聞對你有害——不要讀它會讓你更快樂〉（News is bad for you-and giving up reading it will make you happier.），*The Guardian*，12.April.2013.（https://www.theguardian.com/media/2013/apr/12/news-is-bad-rolf-dobelli）

◆亞蘭・洛斯布里傑（Alan Rusbridger）是英國最老牌的報紙之一《衛報》在一九九五到二〇一五年期間的主編。在他執筆期間，發生了維基解密（Wikileaks）公布棘手政治情報事件。二〇一八年，他出版了精彩絕倫的《重大新聞：再造新聞業，就是現在》（*Breaking News: The Remaking of Journalism and Why it Matters Now*）一書，對傳統新聞業提出深具批判性的探討。

1 捨棄新聞的路（上）

◆一八九七年，《琉森日報》（*Luzerner Tages-Anzeiger*）開始在琉森發行。一九一八年更名為《琉森最新新聞》。一九七五年起，「Neuste」新拼法取代了「Neueste」。《琉森最新新聞》成為瑞士中部最大且最創新的報紙（一九七〇年的發行量是五萬四千八百份），這就是陪著我長大的報紙。所以當一九八〇年榮格（Ringier，瑞士居領導地位的媒體集團）收購這份報紙，並解雇主編于爾格．托布勒（Jürg Tobler）、換上自己人時，我們全家加入了遊行抗議的隊伍，穿過整個琉森市區，以表達對托布勒被炒魷魚的不滿。可想而知，當時更換一個主編，就可以挑起如此激烈的情緒反應。那是我人生至此，唯一參加過的一次示威遊行。

◆每個主題的版面數統計是根據一九八二年十二月份的報紙。

◆七〇年代瑞士電視台的《今日新聞》是在晚上八點播放，一九八〇年起，則提前至晚上七點半。其節目形式在過去幾十年裡曾多次變動，但節目長度總是按既定時間來播放：八〇年代全長二十八分鐘，九〇年代則為二十三分鐘。（https://www.medienheft.ch/index.php?id=14&no_cache=1&tx_ttnews%5Btt_news%5D=170&cHash=34931e09f70744686 2d72f0a2ed38f5）

2 捨棄新聞的路（下）

◆關於 PointCast 的螢幕保護程式：https://en.wikipedia.org/wiki/PointCast_(dotcom)

◆此外，我並不是在說新聞能產生跟毒品一樣的效果，它本身就是一種毒品，而我們對它上了癮。我們不把新聞消費當作一種集體社會成癮，是因爲我們習以爲常，身邊的每一個人都染有此病——就好似十二世紀時的人也沒能了解，跟著去十字軍東征或去獵巫，是多麼愚不可及的行爲一樣。然而一百年後，我們會回顧這段歷史並且質疑：「這些人見鬼了到底在幹什麼？」

3 新聞之於心靈，正如糖之於身體

◆新聞並不是發明在某個特定的日子。活字印刷術在一四五〇年左右發明後沒多久，擁有廣大讀者群的傳單類讀物就出現了。絕大多數比較類似我們今天所說的意見書，宣揚的不是宗教，就是政治理念。與此並行發展的，還有一種以訂閱爲基礎的私人通訊服務業。這種通訊不僅訂閱起來非常昂貴，而且是專爲商人或銀行家等特定階層量身訂製。它們會報導政治情勢的變革與國內外的農業收成概況，也會提及有哪些船隻載運了什麼貨物、駛進了哪一個港口——很像今天那些非常專門的商業通訊報。最早報導世界各地大事、是爲了廣大讀者所編寫的眞正的報紙，在十七世紀初期出現在市面上。其中搶得先機者，是史特拉斯堡的一份週報（一六〇九年），然後在沃爾芬比特爾（Wolfenbüttel）也有一份。這波報紙熱從德國開始，然後向阿姆斯特丹、倫敦，最後朝歐洲所有的城市擴散。一六四〇年時，單單在阿姆斯特丹就有九份報紙。第一份日報則在一六五〇年發行於萊比錫：《新到新聞》。然而第一份眞正獲得成功的日報，是一七〇二年發行於倫敦的《每日新聞》（*Daily Courant*）。如果你想更了解新聞史，推薦你讀這兩本書：安德魯．佩特格雷（Pettegree, Andrew）的《新聞的發明：我們如何學會認識自己的世界》（*The Invention of News: How the World Came to Know About Itself*, Yale University Press, 2014），以及米歇爾．史蒂芬斯（Stephens, Mitchell）的《新聞的歷史》（*A History of News*, Wadsworth Publishing, 1996）。

◆此外，在提到古騰堡（Gutenberg）時也千萬不該忘記，中國人早在這三百年前就發明了活版印刷術。只不過這項發明並沒有被普遍接受，因爲漢字的數量實在太多了。

◆因爲製作成本很高、售價不得不拉高，一本書無可避免地必須在很大的地理區內銷售才能回本。這使賣書這門生意，對印刷行來說變得不怎麼有利可圖。反之，比較能讓他們賺錢的，是所謂的小冊子。它雖然還不算報紙，但內容總是關於某事件的短文，一份的價格可以賣得很低，而且只要在當地販賣即可。這就是爲什麼相較於書本，當時的印刷行（出版社）更偏好印「消息」的原因。「比起內容較充實的書，這種小冊子很快就可以回本，特別是它們印出來之後，通常在當地就可以賣掉大部分。所以出版者爲什麼要這麼積極地滿足人們對『消息』的需求，實在是顯而易見……」（Pettegree, Andrew: *The*

Invention of News: How the World Came to Know About Itself, Yale University Press, S. 73）

4 激進的新聞戒斷方法

◆平常我都讀些什麼呢？大部分是書。偶爾也讀讀優質媒體上篇幅較長的文章，愈長愈好。像《外交》、《麻省理工科技評論》、《科學》（*Science*）或《自然》（*Nature*）這類的科學期刊、《經濟學人》的科學副刊以及偶爾一版藝文副刊。最喜愛的則是「作者刊物」，也就是那些主要由專業人士執筆的報章雜誌。可惜記者很少在某個領域上有所專精，但這並非他們的過錯，在媒體企業的壓力下，他們得在盡量多的領域裡生產出盡量多的內容。此外，對我而言，閱讀時的重點是由我來預定自己接收資訊的路徑，而不是由編輯——我來決定自己感興趣的主題與疑問，然後再開始尋找答案、解釋其中的關係。我想要理解這個世界，想要一探讓這個世界運作的「機房」之究竟，對此，那些長篇文章、特別報導、紀錄片以及實用專業書籍再適合不過。理解是需要花時間的。

5 三十天作戰計畫

◆「眾所周知，微軟公司的共同創立者暨億萬富翁慈善家比爾．蓋茲，每年都有兩次會遠離塵囂，去度一個他自稱爲『思考週』的假期。在這段全然隱世獨居的時間裡，他會讀幾百份報紙（是的，這引自原文！）、雜誌與公司報告，狂飲低卡柳橙汁，把他的策略與遠見用電子郵件告知微軟的員工，並將它們反映在科技的未來上。其中最著名者，是一九九五年的某個『思考週』，讓他寄出了一封標題爲『網際網路的浪潮』的電子郵件給他所有的行政幕僚，這封郵件精準地預測了瀏覽網路的未來，並促成微軟開發自己的網路瀏覽器，擊敗了它的競爭對手網景。而我們可以從中學到什麼呢？想要讓疲憊不堪的心靈充一下電，並以比對手更強的姿態回歸，我們得離開慣有的例行公事，從辦公室分心一下。然而並非所有人都能夠奢侈地『搭著直昇機或水上飛機，飛到那座位在寧靜水岸、有著護牆板的兩層樓別墅度假』，就像比爾．蓋茲在他『思考週』所做的那樣。有些人還得付帳單、養孩子，還得有更多的休假日。」（https://www.theladders.com/career-advice/how-to-take-a-think-week-or-day-like-bill-gates）以及 Rebecca Muller 的〈爲什麼比爾．蓋茲每年花兩星期的時間，獨自待在森林裡〉（"Bill Gates Spends Two Weeks Alone In The Forest Each Year. Here's Why." In: *Thrive Global*, 23. Juli 2018. https://www.thriveglobal.com/stories/bill-gates-think-week/）。

◆關於那三個階段：我對自己在股票投資這個相關領域的行爲上，觀察到一種類似的過程。我曾經每天，有時候是每小時，都會去點開我 iPhone 上的股市 App。現在或許有人會說，股票市場的變動要比來自世界各地的新聞更重要一些，因爲這關係到你辛苦賺來的積蓄，尤其是關係到你的老本。然而有一天我突然明白，我的行爲不僅太過極端，還根本是枉然。身爲一個非專業投資者，我對短期的市場波動其實並不感興趣。我買某支股票，是基於它十年或二十年的長期發展趨勢。所以爲什麼我要去關心今天的股票是漲了或跌了一個百分點？再加上我們在衡量損失時的情緒強度，是獲利時的兩倍之多，也就是所謂的損失厭惡（Loss-Aversion）。只因爲股價短時間內在一個中間值上下振盪，或許在當天的第一個小時上漲，然後第二個小時下跌（此時的情緒反應強度是雙倍），結果整個情緒的淨效應變成負值。參透了這點之後，我開始克制自己一星期只點開那個 App 一次，就在每個股價收盤後的星期五。剛開始時，我得極盡全力地自我克制，才能阻止自己的手指去點開那個 App。不過兩個月之後，那股衝動就沉睡了，我不需要再浪費我的意志力。現在甚至有某些星期，我會完全忘記去看股市的動態。換言之，我達到了第二階段。至於第三階段——對股市產生厭惡感，我猜那是我永遠都到不了的境界。

6 溫和的新聞節食手段

◆如果你對純粹的週報或雜誌都沒興趣，建議你讀週末的日報，因爲比起週一到週五的工作日版，週末的報紙通常比較薄。

◆有一個非常明確的原因，讓我在放棄新聞時寧可採取極端手段：令人遺憾地，即使是優質的新聞媒體也難逃被汙染的命運。一些講求品質的報紙雖有很大的版面是內容豐富的長篇報導，但這些珍珠卻被花花綠綠且內容空洞的新聞彩紙給包圍。因此我採取了純粹主義者的行動，我不喜歡從汙染過的水源取水來喝。收音機和電視的情況也一樣，它們當中也有內容很精彩的節目，這點無庸置疑。但若我每半個小時或甚至一整個小時，都得被新聞插播打斷節目的觀賞，這實在很煩。做個比喻：你想去健行，如果往某個方向走會一路風和日麗，往另一個方向走則天氣雖大多良好，卻每小時會颳來一陣龍捲風，你會選擇往哪個方向呢？

◆爲何我要擁護如此極端的陣線？不是乾脆限制新聞消費就好了？但這就好像在說：我們應該稍加限制對海洛英的消費。無奈對許多人來說，新聞節食聽起來還是很基本教義派。過去，「不要抽菸！」聽起來也很基本教義派，但是今天每個人都能理解。

7 新聞並不重要（上）

◆我並不把某地的天氣預報看作新聞，有沒有必要帶把傘，這有實質重要性。好在今天我們有專門的天氣 App 可用，你不需要涉過飄著新聞垃圾的渾水，只爲了要知道明天天氣會怎樣。

◆新聞記者在發現及過濾重要事件這方面有多在行呢？這裡有一個比網路瀏覽器 Mosaic 還老的例子：一九一四年，奧匈帝國的王位繼承者在塞拉耶佛被刺殺一事，基於它的全球性影響，重要性幾乎蓋過了所有其他新聞。不過這只是後見之明，因爲這件謀殺案不過是當天報紙販售的數千則新聞之一。沒有一家報社當時作夢會想到，這件謀殺案後來會引發一次世界大戰。

◆關於「重要的新聞 vs. 新的新聞——這是當代人所必須面對的根本之爭」：聽起來或許很戲劇性，但我卻認爲這兩者之間的差異，在當今世界最具根本性。至少在我的生活裡，這兩者的區分無疑是最重要的。新聞媒體承諾要販售的是知識與情報，但實際上傳遞的卻要膚淺得多。而現在是我們體認到這點、讓新聞褪去它是「重要的」這個虛假光環的時候了。新聞是一回事，「重要」又是另一回事。有時候它們或許會有一點交集，但眞的非常短暫。而媒體當然會使出渾身解數，想要保持那「意義重大」的光環。好吧，我不是要你不管白天或晚上都得做有意義的事，那樣的生活很可怕，會像是被監禁在某種喀爾文教派的精神監獄裡。你要漫不經心、要享受生活、要盡情歡樂、要愚蠢輕浮、要做瘋狂無聊的事，就去做吧——不過最好只在一些無關緊要的事情上。若是關於人生的核心課題，像是健康、事業、人際關係、退休金，你最好不要在不相干的事情上浪費時間和精力。

◆很多人都忘記了，新聞到底「重不重要」取決於個人。我認爲它和言論自由同樣根本。在新聞風暴裡決定某個遠方國家的政變與我無關，這是一種自由。老實說，要刻意忽略「世界新聞」，需要某種程度的厚臉皮。當百分之九十九的人都認爲某件事很重要，而你卻不這麼想時，不必覺得這很糟。重不重要取決於個人。

◆如果我們能先行過濾新聞，只讀對個人重要的新聞，這倒會是個解決辦法。能把這件事交代給你的個人助理去做，更是再好不過。只是大多數人沒有個人助理，得獨自面對新聞風暴，而在我們開始過濾新聞的那一刻，我們就消費了新聞。因此除了採取新聞節食，別無他法。

◆現在你或許會反駁，消費新聞對你純粹只是一種娛樂。沒錯，如果情況是如此，那你就繼續吧。也繼續看《今日新聞》吧，只要你清楚這一切都只是娛樂就好。就像你進電影院去看一部好萊塢電影，你知道接下來會有兩個小時的娛樂時間。當你讀一本小說時，你也知道重點是自己會被娛樂到。但是當你看見新聞報導中，有兩國領導人在世界的彼端握手致意，我不相信你能做出這樣的區別。人對新聞有一種下意識的反應，總覺得它關係到某些重要的事，即使那根本不是。所以是否能從內心抗拒這種反應，我眞的很懷疑。而比起流連在新聞網頁之間，能帶給我更多樂趣又比較不危險的事，何只千百萬種。

◆一九九三年最具影響力的新玩意，就是人類的第一個網路圖像瀏覽器「Mosaic」。它用在微軟 Windows 系統上的1.0版本，在那年的十一月十一日問世（https://en.wikipedia.org/wiki/Mosaic_(web_browser)）。而德國的《今日新聞》在一九九三年十一月十一日這天播報了什麼呢？福斯汽車有關一週上班四天的談話；礦工的抗議活動；教育制度促進會議在總理府登場；維也納與多特蒙德間的夜車上，兩名德國人被邊界警察開槍射擊；教宗約翰保羅二世的肩關節骨斷裂（https://www.tagesschau.de/multimedia/video/video1349618.html）。好吧，或許原因出在這裡與加州之間有時差。然而隔天的《今日新聞》在

「Mosaic」瀏覽器發表一天之後所報導的是：鐵路革新（東德的國家鐵路將整合進西德的鐵路網）；德國政黨資金籌措的改革方案；以色列總理拉賓與柯林頓會面；謀殺黑手黨剋星法爾科內（譯註：義大利著名的反黑手黨勢力法官）的凶手被指認出來。結論：橫豎就是沒有「網路瀏覽器」這條新聞（https://www.tagesschau.de/multimedia/video/video1350580.html）。情況在瑞士、美國以及英國的媒體上也相差無幾。

◆關於新聞不具意義的批評並非新鮮事。在托爾斯泰出版於一八七七年的鉅著《安娜・卡列尼娜》裡，你可以讀到其中一個人物，作家伊旺諾維奇（Sergei Iwanowitsch）這麼說：「……報紙上印了這麼多無用且誇大不實的東西，目的只是想贏得注意，想喊得比別人響。」

◆新聞對誰最重要呢？對新聞記者。他們得知道其他地方刊登了哪些新聞，而他們是否也該在自己的媒體上刊出其中某些；他們得知道其他記者和媒體如何描寫這些事件；他們也得知道哪些標題（以及競爭對手的標題）特別能吸引人注意。在新聞記者的能力圈裡，充滿了新聞，新聞界因此是一個部分自我指涉的系統。除了新聞記者之外，很少有哪一行的人必須消費新聞，最有可能的或許就是政治人物與外交人士（而他們關心的，也只是與自己國家或旅居國度有關的新聞）。因此所有其他人大可放心地捨棄新聞。

◆我們眞的有辦法，也可以讓自己的生活就這樣與世事脫鉤嗎？所有的一切不是都息息相關，都會影響我們自己的生活嗎？就這點而言，即使看起來並不重要的事情，其實都關係重大。例如：在德黑蘭的一場政治遊行，可能會導致更大的動亂。而這可能造成鄰國動盪不安，然後伊朗或許會加強或管制石油生產，這又可能會影響燃料油的價格，這是你身爲個人得付出的代價——如果要提一個較無害的後果。一場發生在另一塊大陸上的政治示威，或許眞的可以影響你的生活，然而這種論述，思慮其實並不周全。基本上，那是一種蝴蝶效應的主張：巴西亞馬孫納斯州某處的一隻蝴蝶輕拍翅膀，導致堪薩斯州的一陣龍捲風。我們當然可以在這個翅膀的拍動與堪薩斯州的天氣之間，描繪出一種連鎖的因果關係。這很容易。不過事實上，這隻蝴蝶對堪薩斯州天氣的影響趨近於零。可惜這個世界有好幾十億隻對堪薩斯州天氣的影響幾乎是零的蝴蝶。同樣地，對燃料油價格的影響幾乎是零的其他事，也有好幾十億件，例如澳洲一棵正要倒下的樹，或一隻正在阿富汗某條街邊尿尿的小狗。主張所有一切都息息相關的蝴蝶效應是個空洞的論點。除此之外，偶爾我也會聽人提到投機買賣論點，說人甚至可以拜新聞消費之賜來致富。所謂的投機買賣論點，就是：如果你是那個搶得先機的人，例如第一個想到德黑蘭的示威抗議會引發油價上漲這種因果關係的人，你就可以藉由所謂的期貨買賣來大賺一筆。然而「你是第一個這麼想的人」，這在眞實世界中是不可能的。有成千上萬個所謂的宏觀交易者（Macro-Trader）以在這種可能因果性上下賭注來消磨時間。等到你打電話給你的交易員，吩咐要買進石油時，通常爲時已晚。再加上每一筆的買入，都代表有人剛好持相反立場想賣出。亦即當你賭油價會上漲，因此買進一張有價證券的同時，就表示有某個人把它賣給了你——某個合理地押油價會下跌的人。而且這個人也研究分析、琢磨思考過。想利用地緣政治的變動來謀取利益，是極爲困難的事。財神爺或許偶爾會眷顧你，但我從未認識一個能長期（超過十年）以這種方式賺錢的人。即使是像查理・蒙格（Charlie Munger）和華倫・巴菲特這種星級投資家，都勸你打消這種念頭。巴菲特說過：「我應該要指出，在先知的墓園裡，爲那些宏觀預測者保留了一大堆位置。」所以你看，即使是像賺錢這樣廉價的消遣，都不足以成爲消費新聞的理由。還有一個對新聞節食看法較尖銳的反對意見，則是「觀察時局」的論點。它是這樣認爲的：假設現在是一九三八年，你是猶太人，住在柏林。那些拒絕收看新聞的猶太人，很可能因爲無法評估正襲捲而來的納粹主義的危險性，而讓自己與家人的生命陷入危險中。反之，那些每天消費新聞的猶太人，則能及早辨識出危險，所以可以及時因應。我們是不希望如此，但天曉得未來還會不會再有一個這樣的時代？所以知道最新的消息是攸關性命的。換句話說，新聞節食會讓你和你的家人走向毀滅。有關「觀察時局」的論點差不多就是如此，只不過問題在於：這並沒有經過科學實證。沒有人評估過存活機率與新聞消費之間的關係。如果我們推測當時德國境內幾乎所有的人（包括猶太同胞）都像今天一樣消費新聞，然而卻還是有六百萬個猶太人遇害，這可支持不了新聞具有讓人看清局勢及保護作用的說法。在一九三〇年代，即使有人眞的徹底拒絕了新聞，眼前正在發生的事還是顯而易見的。新的法律頒佈、猶太人開的店被砸、位居高層的猶太人被撤職、反猶太宣傳四處可見。跡象就在那裡。或許只是基於某些個人的、有時很容易理解的原因，因而缺乏決心與魄力。「觀察時局」的論點根本不成論點，這點你大可放心，假若我們的社會又再次進入黑暗時代，你會看出那些跡象的。沒錯，比起置身於新聞所製造出的白雜訊中——畢竟那是個政治宣傳充斥的時代——沒有新聞，你甚至更能觀察出局勢。最後，還有一種我經常聽到的「個人理財」論點：或許你將自己的部分財產投資在有價證券上，譬如股票，若不消費新聞，人怎麼可能做出明智的投資呢？答案非常簡單。在有關某企業的報導正透過全球光纖電纜快速傳遞的那一刻，它的影響已經反應在股票價格上了。專業交易者的動作永遠比你快一步。如果你相信自己因爲徹底地研讀了《新蘇黎世報》或《南德日報》的國際新聞版，所以會比那些專業交易者更了解世界，那你可就糊塗了。投資銀行、貿易商行以及基金經理人，擁有動輒由幾十個，甚至經常是上百個經濟專家組成的團隊，他們不僅跟你一樣聰明，還整天除了忙於全球宏觀思維之外，沒其他事可做。這個領域可是他們最在行的能力圈，對此，他們不僅會動用昂貴且專門的訊息來源，還有自己的研究。不管你讀多少份報紙，都無法跟他們相提並論。可是如果你放棄新聞消費並能獨立思考，或許還有點機會。長話短說，對於關係到金錢的決定，新聞是個很糟糕的參考依據。節錄偉大的投資理財作家葛蘭碧（Joe Granville）在一九七六年說過的一段警語：「交易員及投資者經常因爲相信新聞甚於其他依據，所以更常遇到狀況且做出錯誤的決定。他們受新聞的影響是如此之大，以致竟迷失在資訊迷宮中而看不到其他聰明的投資者在做什麼……新聞是某種給失敗者看的東西。」「新聞對精明的投資者也同樣重要，因爲他們了解新聞在市場遊戲中扮演什麼角色，而且通常也能在新聞的保護傘下，更有效地行動。他們知道新聞會誤導這場遊戲中的對手，在精明的投資者想買入時進行拋售，並在精明的投資者認爲整理時機已到時反而開始買進。因此作爲一個市場輔助工具，新聞在讓人成功玩股票這方面的價值，實在很有限。新聞通常是給失敗者看的東西。比起引導，新聞更常在誤導；它製造錯估時機的恐懼感，這煽動人在錯誤的時間點賣出，讓人懷抱希望，然後又在錯誤的時間點買進。」（Faber, Marc: *Market Commentary*, 1. November 2019）

◆「我們不管到哪裡都帶著手機，無時無刻都查看新聞——彷彿若不是隨時隨地都在連線狀態，就會錯過某些眞正重要的事一樣。」克雷頓・克里斯汀生《你會如何衡量你的人生？》（Christensen, Clayton M.: *How Will You Measure Your Life?* HarperBusiness, 2012, S. 91）。

9 新聞非你能力圈內之物

◆我讓自己享有閱讀天文物理學、細胞生物學、數學、歷史等各種主題書籍的餘裕，這些正好都不是能讓我在生活或工作上，做出更好決策的主題。你其實可以依照我拒絕新聞消費的相同標準來拒絕閱讀書籍。包括這本書。這個反對意見並不算蹩腳，因爲「狹義」來說，大部分的書確實都不重要。我這裡所謂的「狹義」，是指一本書符不符合讀完後能讓你做出更好決策的標準。不過一本書也能有「廣義」上的重要性。亦即：你在讀完它之後，對世界的了解是否更深入？而這點之於新聞絕對是不可能的事。新聞所能給予你的，最多是「你將會理解這個世界」的幻覺。而好的書，相對地則能做到這點。另外你還能把這個廣義標準套用在各種內容的書籍上，像是戲劇、音樂與藝術。不論是貝多芬、梵谷或莎士比亞，都無法讓你在生活或事業上做出更好的決策；然而你會因此得到一種對世界或對自己更深刻的理解，一種有時候無法用言語形容的理解（否則或許就不會有音樂或繪畫這些藝術類型的存在）。我們也可以換種說法：在實質與非實質，富於內涵與內涵貧乏之間，存在著差異。

◆Elena Holodny：「牛頓是個天才。但即便是他，都在股市上損失了好幾百萬。」出自〈商業內幕〉（Business Insider, 10. November 2017. https://www.businessinsider.com/isaac-newton-lost-a-fortune-on-englands-hottest-stock-2016-1）。

◆關於「贏者全拿效應」，見杜伯里《生活的藝術》（*Die Kunst des guten Lebens*, Piper, 2017, S. 281）。

◆假若身爲企業老闆的你想知道有關自己公司的報導，可以利用一種專門的新聞剪報服務。但若你想免費得到這些訊息，就使用 Google 快訊（Google Alerts）吧，絕對沒必要穿梭在讓你眼花撩亂的新聞叢林間奮戰。

10 新聞會錯估風險

◆有關斷橋的例子源自納西姆．塔雷伯（私人通信）。

◆感人肺腑的故事、怵目驚心的照片、駭人的事故、荒謬的人物，早在十七世紀時，出版社（當時還都是印刷行）就已經發現，他們可以用這類駭人聽聞的故事來吸引讀者並從中撈錢，而這個手法至今絲毫沒有改變。「那一大張紙上印的多半是最引人注目的事件，例如某個據說犯罪時會把自己打扮成惡魔的男人。像這樣的案例，很容易演變成專門記載聳動、超自然事件的廣泛文學，而這是新聞大字報必備的材料。出版商和木刻藝術家會固定製作出一些由魔鬼誕生、珍奇動物、異常天氣與自然災害事件組成的報導。他們費心地逐年記錄地震和洪水，不過當時最受消費大眾歡迎的，莫過於有關天文異象的故事。那可以是流星或彗星，或看見一個帶武器的男人、一個著火的十字架或一群騎士掠過天際……彗星以及其他天文擾動現象，在當時廣泛地被解釋成未來將有大災難的凶兆。」（安德魯．佩特格雷《新聞的發明：我們如何學會認識自己的世界》，Pettegree, Andrew: *The Invention of News: How the World Came to Know About Itself*, Yale University Press, S. 91）

◆在裘蒂．傑克森的《*You are What You Read*》一書中，有個關於錯誤風險地圖的好例子：「假如我們就新聞報導中的犯罪及暴力、統計上的犯罪及暴力進行比較，會看到這類故事被報導的頻繁程度，並不能代表犯罪及暴力事件眞實的發生頻率。英國國家統計局在二〇一六年進行過一項調查，量測人所感覺到的犯罪與統計上的犯罪案件數。結果：雖然自一九九五年以來，犯罪紀錄一直在降低，百分之六十的英格蘭與威爾斯居民，卻相信過去這幾年犯罪率變高了（Jackson, Jodie: *You Are What You Read, Why Changing Your Media Diet Can Change The World*, Unbound Publishing, 2019, S. 61。研究原始出處：https://www.ons.gov.uk/peoplepopulationandcommunity/crimeandjustice/articles/publicperceptionsofcrimeinenglandandwales/yearendingmarch2016）。

11 新聞不過是在浪費你的時間

◆根據皮尤研究中心調查，二〇一〇年，美國人平均每天花七十分鐘的時間消費新聞（http://www.people-press.org/2010/09/12/americans-spending-more-time-following-the-news），而且趨勢在逐年增加中。在這七十分鐘裡，花在電視新聞上的是三十二分鐘，收音機新聞十五分鐘，報紙新聞十分鐘，網路新聞則是十三分鐘。此外，教育程度愈高，新聞消費也就愈高，具有大學學歷者每天甚至會花九十六分鐘來消費新聞。這個平均七十分鐘，相當於人透過接收新聞全然浪費掉的時間；除此之外，還得加上重新聚焦，以及因某些新聞片段在腦中陰魂不散讓人難受所損失的時間。

◆塞內卡（Seneca）：「In guarding their fortune men are often closefisted, yet, when it comes to the matter of wasting time, in the case of the one thing in which it is right to be miserly, them show themselves most extravagant.」*De Brevitate Vitae*, Ch.3 （trans. Damian Stevenson）我在本章將這段翻成了德文。

12 新聞限制了你的理解力

◆新聞機構基於自身的利益，擁護著這樣的信念——更多資訊（「事實、事實、更多的事實！」）能讓人做出更好的決策。假若你是一間企業的老闆，你會願意付多少錢，探知員工所有隱私的情報？眞的是所有嗎？大多數人聽了可能會出個（大於零的）價，而我會出的價碼是負數。知道工作同仁的政治觀點、教養小孩的方式、精神狀態與經歷、性生活、夢想……只會讓我跟他們的共事變得困難。到頭來不僅會損害公司，也會損害我自己。有關資訊，少經常就是多。

◆「人們經常認爲預測未來最好的方法，就是在做決定前盡量蒐集很多資料。但這就好比只看著後照鏡開車，因爲你拿得到的資料，寫的都是關於過去。」（Christensen, Clayton M.《你會如何衡量你的人生?》*How Will You Measure Your Life?*, HarperBusiness, S. 14）

◆這裡有一段來自遙遠過去的隨筆，是卡爾．克勞斯（Karl Kraus）在一九一九年對於新聞常將「事實」倒置爲「理解」的一種隱喻：「視野狹窄的我曾經讀不了一張報紙，那上面的新聞標題有：奧地利、法國與義大利一八六九年的祕密協商；波斯的改革運動；克羅埃西亞區軍事指揮官的任命；對抗莫納斯提爾（Monastir）大主教之門……而我在沒讀這張報紙之後，覺得自己的視野開闊了一點。」（Kraus, Karl: *Ich bin der Vogel, den sein Nest beschmutzt*, Matrix-Verlag, 2013, S.81）

◆有關透視這個世界的「機房」：「……了解一種情況所需要的資訊大多不是『新的』。我們需要更深入的背景知識，來幫助我們了解爲什麼那些新聞事件會發生。如果你對阿富汗的歷史和文化背景缺乏正確理解，知道這個區域的情況並不具任何意義。除非你了解我們是怎麼得知氣候如何運作、它又已經如何改變，否則最近那些對未來氣候效應的警告也不具任何意義。想了解到底是什麼促成了阿拉伯之春，則需要有鄂圖曼帝國分裂，以及其之後又如何因應殖民探險主義的背景知識。但不幸的是，這些解釋來龍去脈的資訊毫無新聞價值。新資訊與舊資訊之間的鴻溝在擴大中，而我們應該要對此深感憂慮。那就好像有一大群能靈通獲知比賽分數的人，但對比賽規則卻一無所知；最糟糕的是，他們並沒有找出可靠資料來源以解釋結果的打算。公開討論經常變成僅僅只是部落主義的延伸；比起自己去鑽研某種議題，用「誰也支持這點」來作爲決策依據要容易得多。所以任何試圖使人更容易取得深度背景資料的努力，都值得鼓勵與推廣。我們可以開發新的線上工具，提供適合各種知識等級的入口點來架設資訊，在線上搜索引擎旁提供背景知識鍵，以引導有興趣者造訪相關網頁。不過除非我們現在就開始共同關注這件事，否則一切將不會改變；而我們的社會以理性方式來處理複雜性的能力，將繼續衰退。」（Schmidt, Gavin: *The Disconnection between News and Understanding*, NASA's Goddard

Institute for Space Studies. In: Brockman, John: *What Should We Be Worried About?* 2014 Kindle-Location 4443）

◆引用湯馬斯．傑弗遜原文："The man who reads nothing at all is better educated than the man who reads nothing but newspaper."（http://www.journalism.org/2008/10/10/a-continuum-of-condemning-the-press/#fn2）

◆「有無數的研究顯示，更多資訊帶來的是過度自信，而不是更高的準確性。例如斯諾維克先要職業賭馬人選出他們想知道哪些訊息，以有助自己分析賽馬的投注機率；接下來他逐步增量地把資訊提供給這些賭馬人，並詢問他們做了怎樣的預測，對這些預測的信心。結果是：在無論提供多少資訊，預測準確性都沒有太大變化的情況下，賭馬人的信心卻隨著資訊量增多而強烈增加。結論：額外的資訊使賭馬人愈來愈過度自信，即使他們投注的表現，根本一點都沒有改善。」（http://www.er.ethz.ch/teaching/Seven_Sins_fund_Management.pdf）

◆「沒人知道發生了什麼事，而報紙只是假裝它們都知道，日復一日。」（Max Frisch: *Montauk*, Suhrkamp Verlag, 1975, S.36）

13 新聞是你身體的毒藥

◆這種壓力反應是基於 Sapolsky, Krey&McEwen 提出的所謂的「醣皮質素過多理論」

（Glucocorticoid Excess Theory），認爲心理壓力會刺激大腦下視丘，促使腎上腺素分泌，而腎上腺素又會導致削弱大腦效能（記憶力與意志力）的皮質醇升高。參見 Sapolsky, Robert&C. Krey, Lewis &McEwen, Bruce（1986）："The neuroendocrinology of stress and aging: the glucocorticoid cascade hypothesis"，出自：*Endocrine reviews*,7, S.284-301. 10.12.10/edrv-7-3-284。

◆負向偏誤（Negativity Bias）：https://en.wikipedia.org/wiki/Negativity_bias

◆根據問卷調查，群眾抱怨因新聞消費（尤其是網路新聞）而產生壓力症狀：「美國心理學會最近一項研究發現，對許多美國人來說，『新聞消費有個缺點』。超過一半的美國人表示新聞讓他們覺得有壓力，根據調查結果顯示，許多人指出自己感到憂慮、疲憊與失眠。然而有十分之一的成人每小時會查看一次新聞，還有二〇%的美國人稱自己會「不時地」追蹤社群媒體上的消息來源——這使他們隨時都接觸得到最即時的頭條新聞，不管他們喜不喜歡……戴維說今天的新聞『日漸視覺化且令人驚嚇』，並舉出智慧型手機上的影片與音頻片段爲例。這些旁觀者捕捉到的媒體有時效果是如此強烈，竟然會引發睡眠障礙、情緒波動以及攻擊性行爲這類急性壓力症狀，或甚至出現創傷後壓力症候群（ＰＴＳＤ）。」（http://time.com/5125894/is-reading-news-bad-for-you/）「戴維的某些研究已經顯示，負面的電視新聞是能改變人心情的重要因素，它傾向於製造悲傷和憂慮的心情。『我們的研究也顯示，這種心情的改變會加劇觀眾本身的憂慮，即使他們所憂慮的其實與播放的新聞內容並不直接相關』，他說。」（出處同上）以上學術研究爲：M.Johnson, Wendy&Davey, Graham (1997): "The psychological impact of nagative TV news bulletins: The catastrophizing of personal worries"，出自：*British Journal of Psychology* (London, 1953), 88 (Pt.1), P.85-91. 10.1111/j.2044-8295.1997.tb02622.x。研究摘要：「本研究調查電視新聞節目的情緒性內容，對個人心情狀態以及個人憂慮惡化的影響。研究方法是對三組受測者播放十四分鐘的新聞簡報，內容分別編輯成帶有正面好感、中性以及負面反感的三種材料。研究結果顯示，觀看帶負面情緒新聞報導的參與者，不僅逐漸變得焦慮、心情低落，也明顯地傾向於將個人的憂慮災難化。與這些理論的主張一致：會帶來負面情緒的憂慮，是導致負面思考之原因。它們同樣也顯示，帶有負面情緒的電視新聞節目，會加劇人對某些個人事務的關切，即使它們並不特別與節目內容相關。」

◆也請參見：Unz, Dagmar & Schwab, Frank &Winterhoff-Spurk, Peter(2008): "TV News-The Daily Horror? Emotional Effects of Violent Television News"，出自：*Journal of Media Psychology:Theories, Methods, and Applications*, 20, P.141-155. 10.1027/1864-1105.20.4.141。摘要：「在這兩項研究中，我們檢驗了暴力的電視新聞對觀眾情緒體驗與臉部表情的影響。操作時，我們將新聞報導的形式、內容此二面向，還有觀眾的滿足與否，都視爲獨立變數。根據分析顯示，電視新聞裡的暴力會引發何種負面情緒，主要依其所表現的暴力型態而定。新聞呈現形式以及預期滿足感對觀眾情緒的影響，都有跡可尋。整體而言，恐懼既非唯一，也非最顯著的情緒反應：觀眾相對地似乎會以其他更具『批判性』的道德情緒來反應暴力，包括憤怒與輕蔑，這反映出對社會秩序完整性的關切，與對他人行為的不贊同。以悲傷及恐懼等情緒來反應他人所遭受的痛苦者，則要少見得多。研究結果大致顯示，在媒體變數、觀眾性格與情緒過程之間，具有錯綜複雜的關係。」

◆一份關於二〇〇一年九一一恐怖攻擊事件的研究顯示，媒體消費（所有花在關注世貿中心恐攻主題的電視時數）跟創傷後壓力症候群有關：Blanchard, E. B.; Kuhn, E.; Rowell, D. L.; Hickling, E. J.; Wittrock, D.; Rogers, R. L.; Johnson, M. R.; Steckler, D. C.: "Studies of the vicarious traumatization of college students by the September 11th attacks: effects of proximity, exposure and connectedness."（https://www.ncbi.nlm.nih.gov/pubmed/14975780）In: *Behaviour Research and Therapy*, Volume 42, Issue 2, Februar 2004, S. 191）。

◆有關拖延症可參閱杜伯里《行為的藝術》（*Die Kunst des klugen Handelns*, Hanser, 2012, S.149）。

◆如何戰勝你的煩惱，參閱杜伯里《生活的藝術》（*Die Kunst des guten Lebens*, Piper, S.283ff）。

14 新聞讓我們錯上加錯

◆關於「確認偏誤」，參閱杜伯里《思考的藝術》（*Die Kunst des klaren Denkens*, Hanser,

2011, S.29-26）。

15新聞加劇了後見之明偏誤

◆關於「後見之明偏誤」，參閱杜伯里《思考的藝術》（*Die Kunst des klaren Denkens*, Hanser, S. 57–60）。

◆納西姆・塔雷伯曾描述記者凡事非得給出**一個**理由的現象：「薩達姆・海珊（Saddam Hussein）二〇〇三年被捉到的那天，彭博新聞社（Bloomberg News）在下午一點零一分登出這樣的新聞標題：**美國國庫債券上漲；海珊被捕可能無法遏止恐怖主義**。無論何時，只要市場有所變動，新聞媒體總覺得自己有給出一個『理由』的義務。半個小時之後，在美國國庫債券下跌時（它們整天都有起伏漲跌，這其實沒什麼特別），他們又刊出一個新標題，而彭博新聞社對此給出的新理由還是：海珊被捕（同一個海珊）。也就是說，那天下午一點三十一分，他們又發佈一個新聞公告，標題：**美國國庫債券下跌；海珊被捕提高風險資產的吸引力**。同一個捕獲行動（原因），解釋了兩件完全相反的事。但這當然是不可能的，你不能把這兩件事扯在一起。」（Taleb, Nassim Nicholas: *The Black Swan: The Impact of the Highly Improbable*, Penguin Books Ltd, 2007, Kindle-Version POS 1795）

◆所謂的「忽略基本比率」謬誤，就是主張「因爲X」這類迷思的其中一種：假設你人正在蘇黎世，遇見了湯姆。湯姆是一個身材修長的男人，他戴著眼鏡、喜歡聽莫札特的音樂。請問下列敘述何者較可能爲眞？（1）他是蘇黎世的一位文學教授；或（2）他是一個貨櫃車司機。如果你腦袋運作的方式跟大部分人一樣，應該會猜他是文學教授；然而他是個貨櫃車司機的機率，事實上要遠高得多。蘇黎世大約有四個文學教授，蘇黎世市境內與周遭地區則大約有四萬個貨櫃車司機。心理學稱這種現象爲忽略基本比率（Base Rate Neglect）。爲什麼會這樣呢？我們被湯姆特定的圖像給誤導了——修長的男人、眼鏡、莫札特。但是我們卻忘了自問，這種類型的男人到底有多少？這是大腦不喜歡碰觸的問題之一。我們的大腦痛恨數字。它痛恨統計數字，痛恨基本比率，喜歡故事以及奇聞軼事，喜歡個案、人物特寫以及英雄事蹟。我們會根據聽到的奇聞軼事來下判斷，而不是根據統計數字。不過比起奇聞軼事和故事，（完整的）統計數據傳達給你的世界圖像可客觀得多。奇聞軼事並非事實眞相。即使沒有新聞，這個思考謬誤依然存在，但是新聞卻讓它急劇惡化。因爲新聞就是絕佳的奇聞軼事散播者。這並非記者的錯，身爲記者，他們沒辦法製作出能呈現客觀且有統計依據的世界圖像的報紙、廣播及電視新聞節目。媒體消費者不想看到統計數據，他們想要的是故事、個案以及奇聞軼事。沒有報紙膽敢在製作時忽略消費者的需要，也沒有記者膽敢在寫作時忽略消費者的偏好。在一般醫學院的課程裡，都會特別費心訓練未來的醫生排除忽略基本比率謬誤。美國每位準醫生都得死背的一個標準句子是：「當你在懷俄明州聽到馬蹄聲，也覺得看到了黑白條紋，你還是得推測這是一匹馬。」意即：在你們準備將某種症狀診斷爲罕見外來疾病時，最好先看看它的基本可能性。可惜醫生是唯一享有這種訓練的職業，記者，尤其是消費者，其實也迫切需要這種訓練。在投資理財社群裡，有句話是這樣說的：「不要硬擠一個點。」意思是單一資料來源（就是那個「點」）很少能代表什麼。然而許多記者與媒體消費者卻常常不自覺地上鉤，想把「點」弄（擠）大一點，以讓它看起來更具意義。總之，就好像可以從一個或少數幾個資料來源，導出一種趨勢一樣。舉例來說：一場戰爭爆發了，突然間，人類的歷史就會被看成是一部戰爭史；但事實上我們較常處於和平的狀態，只不過戰爭是可見的。另一個例子，若北韓發射一枚洲際飛彈，將會被解讀爲：其軍備水準已與美國並駕齊驅，但這根本是胡說八道。或是：像「佔領華爾街」這種事先沒人料想得到的抗議行動，在聲勢最高時被賦予「整體社會左傾」的意義，雖然它其實不到幾個月後就無聲無息地收場了。或是：人們總把股市看作是多頭及空頭市場交替的歷史，但事實上暴漲與暴跌，要比在正常範圍內波動的市場少見得多。奇聞軼事並非事實眞相，一個點也不代表一種趨勢。

◆莫札特粉絲的例子參見 Baumeister, Roy, F.: *The Cultural Animal: Human Nature, Meaning, and Social Life*, Oxford University Press, 2005, S. 206f。

◆更多關於「忽略基本比率」，參閱杜伯里《思考的藝術》（*Die Kunst des klaren Denkens*, Hanser, S. 117–120）。

16 新聞放大了現成偏誤

◆關於「現成偏誤」，請參閱杜伯里《思考的藝術》（*Die Kunst des klaren Denkens*, Hanser, S.45-48）。

◆另一個關於「現成偏誤」的例子：德文中，R開頭的字和R結尾的字，哪個比較多？答案：以R做結尾的德文字，比R開頭的字多兩倍。可是為什麼被問到這個問題的人大部分都答錯呢？因為我們首先會想到的是R開頭的字。換句話說：以R開頭的字比較現成可得（more available）。

◆關於政治以及瑞士政府：顯然在其他國家也是這樣。「政治人物不讀學術文獻，他們讀那些藏有點擊誘餌的釣魚文章。」美國的李普頓（Zachary Lipton）教授如此警告著。「『決策者不讀科學文獻，』李普頓警告，『但是他們讀那些四處流傳的釣魚文章。』他說整個媒體產業在這裡是共犯，因為它在區別事件真實發展與無意義的公關文宣上，並沒有善盡職責。」（Giles, M.: Artificial Intelligence is ofen overhyped - and here's why that's dangerous, In: *MIT Technology Review*, 13. September 2018. https://www.technologyreview.com/s/612072/artificial-intelligence-is-often-overhypedand-heres-why-thats-dangerous/）

◆關於透過在飛機駕駛艙門上安裝防彈鎖來預防九一一事件，參閱《黑天鵝效應：如何及早發現最不可能發生但總是發生的事》（Taleb, Nassim Nicholas: *The Black Swan: The Impact of the Highly Improbable*, Penguin Books, Kindle-Position 1795）。

◆「讓我們想想飛行的例子。飛航意外事件愈來愈少，二〇一七年更是首次沒有任何墜機事件紀錄，雖然這年的載客量高達四十億人次之多。不過每每這類意外發生時，相關報導總會比以前更多，也因此許多人至今仍認為搭飛機非常危險。」（Ridley, Matt: "Rosa Brille war gestern. Aber warum eigentlich sehen wir die Welt so gerne schwarz?" In: *NZZ*, 26. Februar 2019. https://www.nzz.ch/feuilleton/pessimismus-es-ist-alles-viel-besser-als-wir-denken-ld.1460194）

◆關於把「預防性的」與「不存在的」混為一談，參閱裘蒂·傑克森令人印象深刻的建設性新聞學（Constructive Journalism）與解困新聞學（Solutions Journalism）宣言。（Jackson, Jodie: *You Are What You Read, Why Changing Your Media Diet Can Change The World*, Unbound Publishing, 2019）

17 新聞把意見攪得沸沸揚揚

◆關於意見火山，參閱杜伯里《生活的藝術》（*Die Kunst des guten Lebens*, Piper, S. 189–193）。

◆馬可·奧理略（Marc Aurel）《沉思錄》（*Wege zu sich selbst*, Fischer Klassik, 6. Buch, Satz 52）。

◆美國的部落客 Shane Parrish 說到了要點：「我們害怕寂靜，怕與自己的思想獨處，因此連排隊等結帳時，也要拿出手機。我們害怕對自己提出意義深遠的問題，我們害怕無聊。爲了應付這些恐懼，我們消費毫無意義的資訊，把自己搞得神經兮兮。」（In: Parrish, Shane: *Most of what you're going to read today is pointless*. https://medium.com/@farnamstreet/most-of-what-youre-going-to-read-today-is-pointless-4b774acff368）

◆此句引用自馬可・奧理略：“You always own the option of having no opinion. There is never any need to get worked up or to trouble your soul about things you can't control. These things are not asking to be judged by you. Leave them alone.”（Aurel, Marc: *Meditations*, 6.52）

◆我們所無法得知的事，屬於預測或預言的範疇，例如「北韓將在兩年內改朝換代」、「阿根廷的酒很快就會比法國酒更受喜愛」、「歐元區將分崩離析」、「十年內每個人都能進行太空漫步」、「十五年內將不再有原油生產」、「在十年內，德國公路上將有百分之九十的自動駕駛車」、「日本將成爲第一個人民平均壽命達一百歲的國家」。新聞媒體每天都用這類預言轟炸我們，而這有兩個問題。首先，大部分的預言都落在你的能力圈之外，因此對你無關緊要。阿根廷的酒是否很快就會比法國酒更受喜愛，那又怎樣？除非你碰巧是進口酒商或侍酒師。若然，你很可能已經訂有專業雜誌，它們對這個主題的探討，肯定比一般新聞媒體還更深入豐富。此外，就算你眞的恰好就是進口酒商或侍酒師，這個預測也碰巧正確，你反正也沒辦法影響群眾的飲酒行爲。有句話說得好：「僅僅是預測到雨天並不算什麼，要建造方舟才眞正有用。」（Predicting rain doesn't count. Building arches does.）不過預測還是以一種奇特的方式吸引著我們。爲什麼？

我也不知道。我不知道預測到底是撥動了人在心理上的哪條琴弦，我只能從自己身上觀察到，儘管那些預測是如此無關緊要，它們還是偷走了我的注意力。而正是藉由新聞節食，我可以避開這種危險。對於想尋求更高點閱率的媒體來說，大肆宣揚某種對未來的斷言反正總是有利，因此他們愈來愈常這麼做。關於預測的第二個問題，是它們的可信度。這些預測到底有多準？一直到幾年前，都還不曾有人費心評估，然後菲利普．泰特洛克（Philip Tetlock）出現了。這位柏克萊大學的教授評估了時間橫跨十年的兩萬八千個預測，結果發現這些預測的準確度，差不多就跟丟骰子的機率一樣高。學術界把它稱作「預測的錯覺」（Prognose-Illusion），而最糟糕的預測者，被證實就是那些媒體關注度最高的人，對此，泰特洛克認爲，這「表示知名度與預測品質之間，有種相當扭曲的反比關係」。而新聞記者被證實最容易發表錯得特別離譜的預測。沒有人知道爲什麼。無論如何，這應該都是對我們消費新聞的進一步警訊。

◆更多關於預測的錯覺，參閱杜伯里《思考的藝術》（*Die Kunst des klaren Denkens*, Hanser, S.165-168）。

◆關於泰特洛克：「總計他們一共對涵蓋地緣政治和經濟等不同領域的局勢做出過兩萬八千個預測，而結果讓人感到沉重。一個已被廣泛報導的發現，是那些預測的準確度經常只比機率稍高，而且通常還低於簡單演算法的推斷。除此之外，來自較具知名度的大型新聞媒體的預測者，在表現上也傾向不如他們知名度較低的同行，這點出了知名度與預測品質間，有著相當扭曲的反比關係。」（Phil Tetlocks University-Website, https://www.sas.upenn.edu/tetlock/publications）

18 新聞會妨礙思考

◆尼可拉斯・卡爾（Carr, Nicholas）〈網路分散注意力，重塑大腦〉（The Web Shatters Focus, Rewires Brains. In: *Wired*, Mai 2010）。

◆「艾文・托佛勒（Alvin Toffler）在三十幾年前就發出第一個預警。在他極具開創性的《未來的衝擊》（*Future Shock*, Random House, 1971）一書裡，托佛勒建立這樣的理論：人類大腦吸收和處理多少資訊的能力是有極限的。超過那個極限，大腦會變得過度負荷，思考與推理會變遲鈍，決策不僅出現瑕疵，在某些情況下還會無法做出決策。他同時指出情況甚至可能更糟，超載的資訊終究會導致普遍的身體和精神障礙。他把這種現象稱為『未來衝擊症候群』。」（Lynott, William J.: "Could the Evening News be Bad for your Health?" In: *The Elks Magazine*, April 2003. http://www.blynott.com/info_overload.html）

19 新聞會改變我們的大腦

◆關於上百兆個突觸：這裡的「Billionen」是德文數字中的兆，也就是英文中的「100 trillion」。

◆有關倫敦的計程車司機：Maguire , Eleanor A. & Wollett, Katherine & Spiers, Hugo J.(2006): "London Taxi Drivers and Bus Drivers: A Structural MRI and Neuropsychological Analysis."

◆大腦海馬體（*Hippocampus*）16, S. 1091–1101.（https://doi.org/10.1002/hipo.20233）

◆「類似這種環境能明顯重塑大腦的發現，在幾個關於音樂家、雜技演員和雙語使用者等群體的研究中都被發表過（Munte et al., 2002; Gaser and Schlaug, 2003; Draganski et al., 2004; Mechelli et al., 2004）。研究者在這些群體中，發現他們的大腦灰質與學習／練習自己專長的時間長短具有正向關係。專業音樂家在大腦灰質中掌管運動及聽覺的區域（Gaser and Schlaug, 2003）與前額葉區域（Sluming et al., 2002），都有體積顯著增加的現象，練習和彈奏的時間愈長愈明顯；早期雙語者在頂葉皮質層的發展也一樣（Mechelli et al., 2004）。」（出處同上）

◆有關新的幾何形圖案，參閱 Rey-Osterrieth Complex Figure Test: https://de.wikipedia.org/wiki/Rey-Osterrieth_Complex_Figure_Test。

◆羅及基（Loh, Kep-Kee）& Kanai, Ryota (2014): "Higher Media Multi-Tasking Activity Is Associated with Smaller Gray-Matter Density in the Anterior Cingulate Cortex." In: *PloS one.*, 9. e106698. 10.1371/journal.pone.0106698。

◆關於前扣帶迴皮質（anterior cingulate cortex），參閱：https://en.wikipedia.org/wiki/Anterior_cingulate_cortex。

20 新聞會製造虛名

◆有關唐納德・韓德森（Donald Henderson），參見 Alison F. Takemura: "Epidemiologist Who Helped Eradicate Smallpox Dies." In: *The Scientist*, 22. August 2016. (https://www.the-scientist.com/the-nutshell/epidemiologist-who-helped-eradicate-smallpox-dies-32993)

◆理查・普雷斯頓（Richard Preston）在《華盛頓郵報》中說：「我認為消滅天花是人類醫藥史上最偉大的單一成就這種說法，是相當公允的。」（出處同上）

21 新聞讓我們變得渺小

◆麥克・馬爾默特（Marmot, Michael）《決定健康的社會性因素》（*The Social Determinants of Health.* WORLD.MINDS 2014. https://www.youtube.com/watch?v=h-2bf205upQ）。

◆關於人類社會的鐘型曲線：「今天，在我們的生活裡，充斥著有關位居社會鐘型結構兩端族群的訊息，因為對媒體產業而言，這些最為吸睛，而吸睛就能賺錢。這是最基本因素。然而我們大多處於單調平凡的中間層，絕大部分人毫無驚人之處，實際上相當一般。」馬克・曼森（Manson, Mark）《管他的：愈在意愈不開心》（*The Subtle Art of Not Giving a F★ck: A Counterintuitive Approach to Living a Good Life"*, HarperOne, 2016, S. 58）。

22 新聞讓人變得消極被動

◆有關老鼠的實驗，參見史蒂芬・邁爾（Steven Maier）：*Stress, Coping, Resilience and the Prefrontal Cortex.*（https://www.youtube.com/watch?v=0EhbTSWZbMg&frags=pl%2Cwn）。

◆參閱裘蒂・傑克森原文：「When we tune into the news, we are constantly confronted with unresolved problems and the narrative does not inspire much hope that they will ever be solved.」（Jackson, Jodie: *You Are What You Read, Why Changing Your Media Diet Can Change The World,* Unbound Publishing, S. 65）

◆關於愛比克泰德在他小手札（*Encheiridion*）裡的句子：「有些事是我們力所能及，有些則否。」一如蘇格拉底、佛陀與耶穌，愛比克泰德沒有公開發表過任何作品，他的一個學生阿利安（Arrian）記下了他的語錄。

23 新聞是記者製造的

◆這是我的推估：不到百分之十的新聞是新的。皮尤研究中心在一個更早的研究中，推測這個比例是百分之二十。不過百分之十在今天應該是說得過去的，因為現在的記者每天得生產出比十年前更多的報導，正是這點導致了複製新聞的結果：「這個研究檢視了巴爾的摩市（馬里蘭州）一星期內所有發行地方新聞的通路，調查他們刊出的內容，並詳細檢驗六個主要的論述議題，發現人們所接收的許多『新聞』，根本不含任何原創的報導內容。在研究中的每十篇故事裡，有八篇完全只是重複或重組之前出版過的資訊。」（*How News Happens: A Study of the News Ecosystem of One American City*, 11. Januar 2010. http://www.journalism.org/2010/01/11/how-news-happens）

◆CareerCast 二〇一五年的職業評鑑：https://www.careercast.com/jobs-rated/jobs-rated-report-2015-ranking-top-200-jobs?page=9

◆CareerCast 二〇一八年的職業評鑑：https://www.careercast.com/jobs-rated/2018-jobs-rated-report?page=10

◆CareerCast 的評鑑標準：https://www.careercast.com/jobs-rated/2018-methodology

◆有的作家寫作，是爲了要讓同行留下深刻的印象。他們的文字艱深講究，但故事情節貧乏，作品的銷售量幾乎是零。這種現象在某些記者身上也看得到，這類記者是爲了其他記者而寫，因此風格比內容重要，隱喻也比事實重要。新聞業在很大程度上變成了一個自我指涉的系統。「整個宇宙都是獎項（在德國說來就有兩百到五百個），只爲了獎勵那些寫出絕妙報導給彼此看的記者。此外，這些獎項的申請也多半由記者本身提出，經常是在編輯部的鼓勵之下。這整場鬧劇對廣大群眾而言應該相當陌生，但是或許有人會察覺到，許多報導文章根本是記者爲評審團裡的同儕而寫。從殘酷得無所遁形的網路上，再看一次二〇一八年德國報導人獎三小時的頒獎典禮（最佳報導獎：Claas Relotius），這一行裡那種極盡自我吹捧之能事，簡直令人難以忍受。」

（Gaschke, Susanne: *Wir schreiben einfach wundervoll: Der Fall Relotius und die Medien*. In: *NZZ*, 23. Januar 2019. https://www.nzz.ch/feuilleton/der-fall-relotius-und-die-medien-wir-schreiben-einfach-wundervoll-ld.1453300）

◆有關「向下競爭」：「當臉書在它的動態消息裡強調『新聞』，整個新聞界就得重新制定對策……爲了避免被排除在外，記者得在報導中創造出能突顯點擊誘餌，且與文章脈絡無關的小故事。」（Lanier, Jason: *Ten Arguments For Deleting Your Social Media Accounts Right Now*, Henry Holt, 2018, S. 33）

◆媒體企業需要改變他們的想法。他們不應該根據寫作，而應該根據研究來付給記者報酬——這裡的關鍵字是「調查新聞」。除此之外，還應該根據記者的思考能力，也就是查明以及解釋事件背後那些複雜因素的能力。媒體企業也應該要揮別透過廣告來獲利，只要它們還必須依賴廣告，不論有意或無意，記者就會一直把報導的受歡迎程度擺在品質之前。他們會被 Chartbeat（譯註：分析網路閱讀及時情報的機構）、閱讀數、點擊數、按讚數、評論數、轉寄數等此類數據所束縛。簡而言之，只要廣告繼續贊助新聞內容的製作，新聞人與消費者的需求就會背道而馳。只有透過訂閱模式才能保證媒體的品質，也需要有愈多的人選擇新聞節食愈好，如此媒體市場才能調整得更爲合理。長篇格式會再度受到青睞，而一切都能從中受益，不管是記者、消費者以及民主政治。

◆有幾個國家正朝向這些目標，也就是更長且更有內容的新聞報導，進行著不同的運動。它們標榜著「慢新聞」、「建設性新聞」以及「解困新聞」。更多「慢新聞」相關知識請參閱以下著作：Jennifer Rauch, *Slow Media, Why Slow is Satisfying, Sustainable and Smart*, Oxford University Press, 2018 和 Peter Laufer (*Slow News, A Manifesto for the Critical News Consumer*, Oregon State University Press, 2014)。裘蒂・傑克森對「建設性新聞」則寫了相當具說服力的宣言（*You Are What You Read, Why Changing Your Media Diet Can Change The World*, Unbound Publishing, 2019）。還有一本書的論述雖然不標榜上述運動，對新聞媒體也提出了類似的批評：亞蘭・洛斯布里傑的《重大新聞：再造新聞業，就是現在》（*Breaking News: The Remaking of Journalism and Why it Matters Now*, Canongate Books, 2018）。

◆在新聞產業史上流傳的第一宗死亡事件中，犧牲者是一位信差，時間是西元前四百九十年，當雅典人擊退入侵的波斯人時。為了傳遞戰役勝利的好消息，雅典的信差菲迪皮德斯（Pheidippides）據說一路從馬拉松跑了四十二公里到雅典，然後在抵達後精疲力盡而死。眞是極沒必要的犧牲。名爲馬拉松的全長四十二公里競賽，即源自這段歷史。

24 新聞操弄了事實

◆我們中世紀的先人，對於以書信形式得到的訊息抱持著很深的懷疑。他們對寫的東西是不是就比說的可信完全沒把握，甚至還持相反意見：訊息會因傳送者的聲譽增加可信度。因此一則由可靠的朋友或信差以口語傳達的新聞，要遠比一份由不知名人士所寫出來的報告，更容易被採信。（Pettegree, Andrew: *The Invention of News, How the World Came to Know About Itself*, Yale University Press, S. 2）

◆「在美國，平均每有一個記者，就相對地有四個以上的公關人士，專心致力於讓他們寫出老板要他們說的東西。」(Johnson, Clay A.: *The Information Diet, A Case for Conscious Consumption*, O'Reilly Media, S. 40)

◆深具權威的公關行業諮詢機構 Holmes-Report 評估全球公關產業的規模為一百五十億美元（https://www.holmesreport.com/long-reads/article/global-pr-industry-now-worth-$15bn-as-growth-rebounds-to-7-in-2016）。然而根據估計，光英國的公關產業就已有此規模（https://www.prca.org.uk/insights/about-pr-industry/value-and-size-pr-industry），這意謂著它的全球規模應該比這個數值大得多。此統計數據乃依全球二百億美元的營業額推算（https://www.statista.com/topics/3521/public-relations/）。

◆我們已達真假「倒置」狀態：網路上的內容、使用者、點擊數、閱讀數、按讚數、評價等，有一半以上是假的。參閱 Max Read〈有多少網路訊息是假的？事實證明，真的很多〉（"How Much of the Internet Is Fake? Turns Out, a Lot of It, Actually." In: *New York Magazine*, 26. Dezember 2018. http://nymag.com/intelligencer/2018/12/how-much-of-the-internet-is-fake.html?utm_campaign=the_download.unpaid.engagement&utm_source=hs_email&utm_medium=email&utm_content=68743473&_hsenc=p2ANqtz-9m9e-hyCK70BQabYaze09mbT8_

LWLyzTw4Db6tQnoMCI8t4KzmxGAa2R-qSYqdyXWITbUoMopW7N6IPpuekgR-3ZFX64e_VIjhXQKIK-hhm5tnBiY&_hsmi=68743473）

◆即使是優質的新聞媒體，也逃不過假新聞的符咒，Claas Relotius（譯註：《明鏡週刊》王牌記者）的例子就是證明。這位獲獎無數的記者捏造了許多報導故事。

◆「你在讀報紙時，讀的是事實眞相還是廣告宣傳？」厄普頓．辛克萊在一九一九年如此寫道。節錄自 Leporte, Jill: "Does Journalism have a Future?" In: *The New Yorker*, 28. Januar 2019 https://www.newyorker.com/magazine/2019/01/28/does-journalism-have-a-future。

◆有關業配文以及「原生廣告」，參閱出處同上。

◆關於事實查證：《紐約客》是一本以對所有事實都小心求證聞名的雜誌。據說如果一篇報導裡提到了帝國大廈，就會有人從事實查證部門（Fact Checking Department）走到外面，親自用雙眼確認那幢建築還在不在。以上故事雖然是八卦，卻指出某些重要的事實：例如即使是最好的記者也會犯錯。今天大多數的媒體機構，皆已取消查證事實的人員編制。

◆透過下面的思想實驗，尤瓦爾．哈拉里說明了免費報紙的操弄：「如果你得到的新聞是免費的，那你本身很可能就是商品。假設有個名聲不怎麼好的億萬富翁向你提出這樣的交易：『我一個月付你三十塊錢，條件是你得允許我每天對你洗腦一小時，在你腦袋裡裝上任何我想要的政治或商品偏好。』你會接受這個交易嗎？少有神志正常的人會答應。於是這個名聲不怎麼好的億萬富翁又提供了一個略有不同的交易：『你會允許我每天對你洗腦一小時，而作為回報，我不會對這項服務索取任何費用。』現在千百萬人的耳中，這個交易突然聽起來很具吸引力。不要跟他們一樣上當了。」（Yuval Noah Harari:"Humans are a post-truth species." In: *The Guardian*, 5. August 2018. https://www.theguardian.com/culture/2018/aug/05/yuval-noah-harari-extract-fake-news-sapiens-homo-deus）

◆早在新聞氾濫之前，意見操弄與宣傳就是一個議題：「……從人們印出第一批書的那個相當古老的時代開始，歐洲統治者就已經投入許多心力，對他們的子民灌輸自己的觀點並解釋自己的政策。」（Pettegree, Andrew: *The Invention of News: How the World Came to Know About Itself*, Yale University Press, Kindle-Version, S. 6–7）

◆今天我們控訴俄羅斯的政府左右新聞報導，然而這不是新鮮事。早在十五世紀時，這類政治宣傳及操弄就已經再尋常不過：「法國的君主在操縱民意上也頗用心。一個早先的例子，就是西元一四一九年勃艮第公爵約翰被暗殺後鋪天蓋地的文宣。文宣的目的是想爭取對王儲查理的忠誠有所動搖的人，查理是法國當時對抗英國與勃艮第聯盟（Anglo-Burgundian Alliance）的領袖，肯定涉入了公爵的暗殺案。」（Pettegree, Andrew: *The Invention of News: How the World Came to Know About Itself*, Yale University Press, Kindle-Version, S. 35）

25 新聞扼殺創意

◆有關獨立思考的困難：「我發現浮現在我腦中的第一個想法，從來就不是我最好的想法。我的第一想法總是拾人牙慧；總是關於這個主題，曾經聽說過的；總是那些最普遍流傳的智識。只有透過持續專注在一個問題上，耐心讓自己全神貫注地思索，我才能得到一個創見。讓自己的腦子有機會產生聯想、找出關連性，這樣得到的結果常常讓我很意外，即使最後顯示那個想法仍有待加強。畢竟思考、犯錯、體認自己犯錯、更正一個錯誤的開始、堅持得比衝動還久、克制想宣告大功告成然後展開下一件的欲望……都需要時間。所以這是臉書、推特，甚至是《紐約時報》的另一個問題：如果你讓自己置身在這些媒體當中，特別是以今日人們不分老少都無時無刻陷在媒體中的方式，你就是在用一連串的他人的思想持續轟炸自己。你讓自己沒入一種陳腐的智識中；你活在別人的現實裡，為別人，不是為你自己；你製造了一種噪音，在那裡面你聽不到自己，不管你正在思考自我或任何其他事情。」（Deresiewicz, William: "Solitude and Leadership. If you want others to follow, learn to be alone with your thoughts." In: *The American Scholar*, 1. März 2010. https://theamericanscholar.org/solitude-and-leadership/#.XDcLLCIoTOQ）

◆「有時候又會出現那種毫無新奇之處，只是再度確認某事的新聞，例如『共產/恐怖主義帶來災難性的經濟處境』。於是人們慢慢知道，一切了無新意。」（Frisch, Max: *Tagebuch 1966–1971*, Suhrkamp Verlag, 1972, Kindle-Version, S. 314）

26新聞助長了垃圾言論——史鐸金定律

◆美國哲學家丹尼爾·丹尼特（Daniel Dennett）後來把史鐸金定律擴大應用在一切之上。不只百分之九十的所有文學作品是垃圾，而是所有一切的百分之九十都是，不管那是科學研究、歌劇、初創企業、襯衫鈕釦、微波爐構造、投影片簡報或狗糧品牌。原文引用自丹尼爾·丹尼特：「百分之九十的所有一切是垃圾。這是真的，不管你說的是物理學、化學、演化心理學、社會學、醫學、搖滾音樂、西部鄉村音樂。所有你想得到的，百分之九十的所有一切是垃圾。」（https://en.wikipedia.org/wiki/Sturgeon%27s_law#cite_ref-5）

◆跟烤吐司機有關係的那個男人：https://i.redd.it/ycddi529rlv11.jpg。

◆「每個人都應該在腦袋裡植入一個垃圾自動偵測機」，引自海明威，Manning, Robert: "Hemingway in Cuba." In: *The Atlantic*, August 1956（https://www.theatlantic.com/magazine/archive/1965/08/hemingway-in-cuba/399059/）。

◆關於洩憤式新聞：「不管是大學課堂上指定了一本有關種族主義的書、某地購物中心禁立聖誕樹，或是對投資基金課稅提高百分之零點五，會被任何一件事惹毛的人總覺得自己好像受到某種壓迫，因此他們理應被激怒，也應該得到相當的關注。而當前的媒體不僅鼓勵，甚至還延續這種反應，畢竟這對他們的經營有利。作家暨媒體評論者萊恩·霍立代（Ryan Holiday）把這比作「挑起憤慨的煽情媒體」：這些媒體不報導真正的故事以及議題，他們發現，找些帶點挑釁意味、令人不快的素材，把它傳播給廣大觀眾，製造某些人的憤慨，然後把那些憤慨，以一種足以激怒另一群人的方式，再傳播給所有的視聽者。這引發了某種狗屁新聞的回音，在兩邊的假想敵之間來回振盪，同時也讓所有人都無心關注真正的社會問題。」(Manson, Mark: *The Subtle Art of Not Giving a F★ck: A Counterintuitive Approach to Living a Good Life*, S. 111)

◆「你不能靠把一個社會搞瘋來讓它變得富裕。」出自：Lanier, Jason: *Ten Arguments For Deleting Your Social Media Accounts Right Now*, S. 99。

◆「比起無聊的真相報導，社群媒體的演算法會優先處理那些想搏你眼球的釣魚文，而這導致無稽之談包圍了整個世界。」「政府應該出面決定什麼才算優質新聞嗎?」參見：*The Economist*, 16. Februar 2019（https://www.economist.com/britain/2019/02/16/should-the-government-determine-what-counts-as-quality-journalism?frsc=dg%7Ce）。

27 新聞讓我們對同理心產生錯覺

◆有關「志工的愚蠢」，參閱杜伯里《行為的藝術》（*Die Kunst des klugen Handelns*, Hanser, S. 61–64）。

◆不付諸行動的同情心是不人道的。打聽災難消息給我們一種自己正在與其對抗的錯覺，我們沉溺在同情心當中，而且每天都還要好好地自我增強一下這種感受。這能幫得上什麼忙嗎？什麼都不能。我不關心那些事實上只「關心」自己的人。當同理心只停留在同理心，是毫無意義的。

◆假設你有這樣的管道，可以額外得到一千個星球上所有文明、所有事件以及災難的消息，你會想要知道他們的一切嗎？而你的界限在哪裡？十個文明？一萬個文明或一千萬個？

28新聞助長恐怖主義

◆有關恐怖主義的統計數字：https://ourworldindata.org/terrorism。

◆有關與其他死因的比較數據，參見《全球不同死因之死亡人數》（*Global death toll of different causes of death – Oxfam*，出處同上）。

◆「自二〇〇一年九一一事件以來，恐怖份子在歐盟區域內平均每年殺害約五十人，在美國約十人，中國約七人，在全球則可達二萬五千人（絕大多數在伊拉克、阿富汗、巴基斯坦、奈及利亞以及敘利亞）。而死於交通事故者，每年則相對地大約有八萬個歐洲人，四萬個美國人，二十七萬個中國人，以及全球共一百二十五萬人。相較於糖尿病以及過量的糖攝取每年要了多達三百五十萬人的性命，約有七百萬人死於空氣汙染。」（Harari, Yuval Noah: *21 Lessons for the 21st Century*, C.H.Beck, S.215）

◆德國的恐怖主義數據（年度，死亡人數）

二〇〇一：三

二〇〇二：〇

二〇〇三：〇

二〇〇四：一

二〇〇五：二

二〇〇六：二

二〇〇七：一

二〇〇八：〇

二〇〇九：〇

二〇一〇：〇

二〇一一：二

二〇一二：〇

二〇一三：〇

二〇一四：〇

二〇一五：一

二〇一六：二十七

◆關於德國的交通事故死亡人數：https://de.statista.com/statistik/daten/studie/161724/umfrage/verkehrstote-in-deutschland-monatszahlen/

◆關於自殺率：https://de.wikipedia.org/wiki/Suizidrate_nach_Ländern https://ec.europa.eu/eurostat/web/products-eurostat-news/-/DDN-20170517–1

◆有關史丹佛大學政治學家瑪爾塔・克倫蕭之引言原文：「Martha Crenshaw, professor of Political Science at Stanford, argues that terrorist groups make calculated decisions to engage in terrorism, and moreover, that terrorism is a 'political behavior resulting from the deliberate choice of a basically rational actor,' In addition to this, she suggests 'Terrorism is a logical choice... when the power ratio of government to challenger is high.'」（https://ourworldindata.org/terrorism#terrorism-in-specific-countries-and-regions）

◆以色列歷史學家尤瓦爾・哈拉里之引言｜原文：「Terrorists are masters of mind control. They kill very few people, but nevertheless manage to terrify billions and shake huge political structures such as the European Union or the United States.」（Harari, Yuval Noah: *21 Lessons for the 21st Century,* Random House, Kindle-Positionen 2447–2448）

◆尤瓦爾・哈拉里之引言｜原文：「The theatre of terror cannot succeed without publicity. Unfortunately, the media all too often provides this publicity for free. It obsessively reports terror attacks and greatly inflates their danger, because reports on terrorism sell newspapers much better than reports on diabetes or air pollution.」Harari, Yuval Noah: *21 Lessons for the 21st Century*, Random House, Kindle-Positionen 2566–2569）

◆在二〇〇一年九月十一日的恐攻事件中，有三千人喪生，而且就像在孟買的事件一樣，這裡也有至少十倍於受害者的生命，透過新聞消費被「揮霍」掉了。更糟糕的是：媒體集體的歇斯底里，導致美國犯下外交史上最大的錯誤之一（對伊拉克及阿富汗）。在伊拉克戰爭中，單單美國一方就犧牲了四千五百名士兵的性命，而伊拉克的死亡人數估計在三十萬到一百二十萬之間（https://en.wikipedia.org/wiki/Casualties_of_the_Iraq_War）。二〇〇一年，美國因全心全意追捕十九個留著大鬍子的恐怖份子而忽略了亞洲，中國又正巧在這一年加入世貿組織，其後還以最大經濟體之姿超越美國，使這個政策上的失誤顯得格外諷刺。

29 新聞會毀掉我們內心的平靜

◆哲學家愛比克泰德引言：「You become what you give your attention to ... If you yourself don't choose what thoughts and images you expose yourself to, someone else will.」

◆塞內卡告誡我們，如果想提昇個人的智慧，就該避免「莫衷一是、不著邊際」，他建議「就以幾個大思想家爲師，並好好消化他們的作品」。我們應該避免無止境地遊走於各種資訊來源之中，因爲「四處蜻蜓點水意謂著一無所獲。如果一個人把所有的時間都花在海外旅行上，那他或許會認識很多人，但不會交到朋友。」(in Reeves, Jack: *Seneca's Smartphone: Stoic Principles for Managing Digital Distraction*. http://modernstoicism.com/senecas-smartphone-stoic-principles-for-managing-digital-distraction-by-jack-reeves/#comment-26015），節錄自塞內卡的 *Epistulae morales ad Lucilium, Ltr II* (trans. Richard Mott Gummere)。

◆「為什麼要被外在的事物分心？花時間去學些有價值的好東西吧，不要讓自己被狂風捲得無所適從。」（Marc Aurel: *Selbstbetrachtungen*, 2. Buch, Paragraph 7）

◆馬可．奧理略上述引文（英文版）：「Do external things distract you? Then make time for yourself to learn something worthwhile; stop letting yourself be pulled in all directions.」(Marcus Aurelius, *Meditations*, second book, paragraph 7)

◆對新聞所製造的激動情緒，這裡有個絕妙的揶揄之作：Nissan, Coin: "*Bad News*." In: *The New Yorker*, 23. Juli 2018. (https://www.newyorker.com/magazine/2018/07/23/bad-news)。

30 還沒被說服？

◆有關閱讀舊報紙，塔雷伯說：「想要完完全全治好新聞癮，你就花一年的時間只讀上週的報紙吧。」（Taleb, Nassim: *The Bed of Procrustes*, Random House, 2010, S. 28）

◆二十五年前，德國的《今日新聞》節目，也就是本書出版日的二十五年之前，即一九九四年九月三日：https://www.tagesschau.de/multimedia/video/video-19029.html。

◆二〇一一年的《紐約客》雜誌刊出了一則卡通。一個男人坐在餐廳裡研究菜單，突然間，一架飛碟降落了，一個太空人精神抖擻地走出機艙，喊著：「我來自未來，我是回來給你忠告的，千萬別點扇貝，因爲它的醬汁有點太稠了。」而我所想像的也正是這樣，某個來自未來的人將太空船降落在一個今日的新聞消費者身邊，並說：「我來自未來，我是回來給你忠告的，千萬別看新聞，因爲它們實在有點太無關緊要了。」《紐約客》上的卡通出自：Zachary Karin, 17. Oktober 2011: "I'm you from the future. I came back to warn you not to order the scallops – the sauce is a little too creamy."

31 那民主政治呢？（上）

◆有關瑞士官方的公投手冊：當然這也無法完全免於有操弄之嫌。執政者裡權力最大的政黨，對這些官方公投手冊的編印影響也會最大。然而至少最重要的反對意見有被表達的機會，即使份量有所縮簡。公投手冊最核心的部分自然是提案的法律內容，它會一字一句清清楚楚地印出來。所以我告訴自己：如果我沒辦法了解這些法律內容，也沒有記者能了解。

◆現在確實有某些讓我無法產生任何意見的法律，例如二〇一八年在瑞士付諸公投表決的所謂的「貨幣主權提案」（Vollgeldinitiative），因爲它的影響後果，以及這些影響後果的影響後果，都難以評估。在這種情況下，我可能會放棄投票或投給維持現狀，假如現狀在某種程度上還過得去。

◆班傑明．富蘭克林可能是世上第一個民主政體最重要的奠基者，而他曾主持一個辯論社團：「一七二七年，當班傑明．富蘭克林二十一歲時，和幾個朋友，包括一個代書、一個細木工人與兩個鞋匠，共同組成了一個名叫 Junto 的談話性社團。每個星期五傍晚，他們都在費城的一家酒館聚會，『我所制定的規則，是每個成員在每次輪到時都要提出一個或更多疑問，主題不管是道德、政治或自然哲學都不拘，以讓大家一起討論。』富蘭克林在他的自傳中這樣寫著。當時的美國還不是後來的美國，但是他已察覺到禮節的問題。而他的解決辦法是：『抱持著衷心追求眞相的精神，不求論戰也沒有求勝的欲望』，以此來進行有組織的世俗性閒聊。」(Marantz, Andrew: *"Benjamin Franklin Invented the Chat Room."* In: *The New Yorker Magazine*, 9. April 2018, S. 18)

◆最早的議會運動出現在中世紀。冰島因此擁有全世界現存的最古老議會，沒有鋪天蓋地的「重大新聞」之必要性，它千年來都運作自如。

32 那民主政治呢？（下）

◆有關調查新聞的必要性：「自二〇〇四年以來，美國有五分之一的報紙消失了，媒體觀察者爲『新聞沙漠』或那些沒有任何報紙的區域感到憂心。肯塔基大學鄉村新聞協會的主席 Al Cross 說，在地方議會的會席上，光是記者的出現，就可以讓代表們正襟危坐一點。」（“Still kicking.” In: *The Economist*. https://www.economist.com/news/united-states/21744876-reports-their-death-have-been-greatly-exaggerated-small-town-american-newspapers-are?frsc=dg%7Ce）

◆報導水門案的文章篇幅都很長，介於九千到一萬六千字之間。（https://www.washingtonpost.com/wp-srv/national/longterm/watergate/articles/101072-1.htm）

◆在學術界也是如此運作：研究者並不會把他們具突破性的發現，乾脆以新聞的形式大聲嚷嚷出來。他們會寫出論文，選一本學術期刊來投稿，讓它進一步被其他科學家讀到並以此接受批評檢視。之後研究者會將得到的批評納入考量，重新調整論文，或甚至進行更深入的實驗。這篇論文一直要等到排除所有的疑問，有時候是三到六個月之後，才正式出版——而這讓這項發現不會就此中斷。所以基於上述，沒有任何理由說調查新聞就無法以同樣的方式運作。

◆關於新聞記者所承受的壓力，美國線上（AOL）的例子是：「每天，所有編輯部的職員都得寫五到十篇報導，每篇報導的平均成本是八十四美元，毛利率（來自廣告）是百分之五十。（Johnson, Clay A.: *The Information Diet, A Case for Conscious Consumption*, S. 35）

◆或許調查新聞已經沒什麼未來：「在過去的二十年裡，新聞機構一直被告知，能不能靈活找出新的經營策略好挺住那些大型網路科技公司的擾亂，完全取決於他們自己，但從來就沒有人想出真正可行的好建議。」（Lanier, Jason: *Ten Arguments For Deleting Your Social*

Media Accounts Right Now, S. 68)

◆法蘭西斯・凱恩克羅斯女爵士（Dame Frances）認為媒體所提供的公眾利益新聞不夠多，而政府應該要透過減稅或直接提供資金來多加贊助。有兩類新聞特別值得支持，一是調查貪污腐敗及濫用權力的新聞，這類工作雖然能得到認可，但既昂貴又艱難，而且從商業角度來看，通常很不划算。另一類則是那些地方報紙以前會提供的：詳細報導有關規畫的會議以及地方法院判決等訊息。很難想像還會有比這更不可能廣為傳播的新聞（*The Economist*, 16. Februar 2019. https://www.economist.com/britain/2019/02/16/should-the-government-determine-what-counts-as-quality-journalism?frsc=dg%7Ce）。

33 新聞午餐

◆第二個報告應該要以比較具建設性的訊息為主，內容最好不要是某種帶有負面色彩的發現，而是對一種原本有狀況的問題提出改善或解決的辦法。這是一種對負向特質偏誤（Negativity Bias，壞消息賣得比較好，也因此較常被報導）的平衡報導。對正向事件、解決辦法以及改善情況等進行報告，被稱為建設性新聞（Constructive Journalism）或解困新聞（Solutions Journalism）。裘蒂・傑克森為解困新聞寫出了讓人印象深刻的宣言：Jackson, Jodie: *You Are What You Read, Why Changing Your Media Diet Can Change The World*, Unbound Publishing, 2019。

34 新聞的未來

◆關於趨勢二的電腦演算法，參閱：To a degree, you're an animal in a behaviorist's experimental cage（Lanier, Jason: *Ten Arguments For Deleting Your Social Media Accounts Right Now*, S. 11）。

◆關於趨勢四的假新聞——人工智慧程式寫出來的假新聞：「有研究者著手開發了一種電腦通用語言的演算法，它以網頁大量文本訓練而成，應該要具備翻譯文字內容、回答問題並執行其他有用任務的能力。不過研究者很快就轉而關切起它被濫用的可能性。『我們開始對它進行測試，然後很快地發現，它可能可以輕易地製造出帶有惡意的內容。』OpenAI 的政策主管傑克・克拉克（Jack Clark）這麼說。克拉克又說，這個程式也顯示出人工智慧可能會如何被利用來製造以假亂真的假新聞、社群媒體上的貼文或其他文字內容。像這樣的工具，可以在任一個大選期間吐出否認氣候變遷的新聞報導或醜聞爆料。假新聞已經是個問題，一旦它們能被自動製造，你想不聽到它們可能就更難了，它們或許可以專為某個年齡層，甚至為個人量身打造。克拉克說，離人工智慧能製造出更可信的假故事、假推文或假評論的時間，可能已經不會太久。『假若這項科技成熟了——我會說在一兩年內——顯而易見地，它會被用在製造虛假的訊息或宣傳上。』他說。」（Knight, Will: "An AI that writes convincing prose risks mass-producing fake news." In: *MIT Technology News*, 14. Februar 2019. https://www.technologyreview.com/s/612960/an-ai-tool-auto-generates-fake-news-bogus-tweets-and-plenty-of-gibberish/）

35 自由的感覺

◆你一開始總會被問到的問題之一是：如果不消費新聞，那你是如何保持消息靈通的？對此，你可以這樣回答：「『消息靈通』是個可怕的字眼，我並不想要『消息靈通』，剛好相反，我想要理解。如果某個人蒐集了成堆的事實，那他是消息靈通；而如果某個人能看出所有重要事實的關係、原由、影響、反饋作用與動態，那他是理解。消息靈通就像暴露在地上的石頭堆；一個人的消息愈靈通，他的石頭就會堆得愈多，可那終究還是一堆毫無價值的石頭。一個能理解事物的人，則相對地能從這堆石頭裡蓋出一座橋或一間房子；而且有一點很重要，他會把大部分的石頭留在那堆石頭裡，因爲它們根本派不上用場。」

謝辭

◆關於塔雷伯：從小我就有這種感覺，在這喧鬧的新聞業裡，有些事還挺可疑的。但是當時我還不具備追根究底的思考能力，結果我墮落成一個新聞毒癮者——像幾乎所有書桌上有電腦或口袋裡有手機的人那樣。後來我才逐漸意識到，自己得從這個癮中脫身，而我一步步地採取了行動。二〇一〇年的某一天，我告訴自己：「就用極端的新聞戒斷方式試一下吧，死不了的，倘若想要，你隨時都可以回心轉意恢復老樣子。」一種被新聞挑起的心神不寧、一種身體上的不安適，還有失去輕鬆讀長篇文章的能力，都驅使我踏出這一步。除此之外，我也突然體認到新聞對我的生活有多麼一文不名。而直到與納西姆・塔雷伯聊過，我才認識了那些從認知科學的角度來抵制新聞消費的最重要主張，尤其是從中衍生的決策錯誤。這本書裡所介紹的許多論點，都源自我跟塔雷伯的交流——只不過我也不確定是哪些了。

國家圖書館出版品預行編目資料

拒看新聞的生活藝術：如何不看新聞卻又能掌控資訊流 / 魯爾夫・杜伯里（Rolf Dobelli）著；艾爾・波丘（El Bocho）繪圖；鐘寶珍 譯.
-- 初版. -- 臺北市：商周出版：家庭傳媒城邦分公司發行, 民109.03
面： 公分. --
譯自：Die Kunst des digitalen Lebens: Wie Sie auf News verzichten und die Informationsflut meistern
ISBN 978-986-477-801-0（平裝）
1. 思考 2. 生活指導
176.4 109001683

拒看新聞的生活藝術

原著書名 / Die Kunst des digitalen Lebens
作者 / 魯爾夫・杜伯里（Rolf Dobelli）
繪圖者 / 艾爾・波丘（El Bocho）
譯者 / 鐘寶珍
企畫選書 / 林宏濤
責任編輯 / 楊如玉

版權 / 黃淑敏、林心紅
行銷業務 / 莊英傑、黃崇華、周佑潔、周丹蘋
總經理 / 彭之琬
事業群總經理 / 黃淑貞
發行人 / 何飛鵬
法律顧問 / 元禾法律事務所 王子文律師
出版 / 商周出版
城邦文化事業股份有限公司
臺北市中山區民生東路二段141號9樓
電話：(02) 2500-7008 傳眞：(02) 2500-7759
E-mail：bwp.service@cite.com.tw
Blog：http://bwp25007008.pixnet.net/blog
發行 / 英屬蓋曼群島商家庭傳媒股份有限公司城邦分公司
臺北市中山區民生東路二段141號2樓
書虫客服服務專線：(02) 2500-7718・(02) 2500-7719
24小時傳眞服務：(02) 2500-1990・(02) 2500-1991
服務時間：週一至週五09:30-12:00・13:30-17:00
郵撥帳號：19863813 戶名：書虫股份有限公司
讀者服務信箱E-mail：service@readingclub.com.tw
歡迎光臨城邦讀書花園 網址：www.cite.com.tw
香港發行所 / 城邦（香港）出版集團有限公司
香港灣仔駱克道193號東超商業中心1樓
電話：(852) 2508-6231 傳眞：(852) 2578-9337
E-mail：hkcite@biznetvigator.com
馬新發行所 / 城邦(馬新)出版集團 Cité (M) Sdn. Bhd.
41, Jalan Radin Anum, Bandar Baru Sri Petaling,
57000 Kuala Lumpur, Malaysia
電話：(603) 9057-8822 傳眞：(603) 9057-6622
Email：cite@cite.com.my

封面設計 / 鄭宇斌
排版 / 新鑫電腦排版工作室
印刷 / 韋懋實業有限公司
經銷商 / 聯合發行股份有限公司
電話：(02) 2917-8022 傳眞：(02) 2911-0053
地址：新北市231新店區寶橋路235巷6弄6號2樓

■2020年（民109）3月初版1刷
■2023年（民112）11月初版5刷

Printed in Taiwan

城邦讀書花園
www.cite.com.tw

定價 340 元

ISBN 978-986-477-801-0

請於此處用膠水黏貼

讀者回函卡

感謝您購買我們出版的書籍！請費心填寫此回函卡，我們將不定期寄上城邦集團最新的出版訊息。

不定期好禮相贈！
立即加入：商周出版
Facebook 粉絲團

姓名：＿＿＿＿＿＿＿＿＿＿＿＿＿＿＿＿ 性別：□男 □女

生日：西元＿＿＿＿＿＿年＿＿＿＿＿＿月＿＿＿＿＿＿日

地址：＿＿＿＿＿＿＿＿＿＿＿＿＿＿＿＿＿＿＿＿

聯絡電話：＿＿＿＿＿＿＿＿＿＿ 傳真：＿＿＿＿＿＿＿＿＿＿

E-mail ：

學歷：□ 1. 小學 □ 2. 國中 □ 3. 高中 □ 4. 大學 □ 5. 研究所以上

職業：□ 1. 學生 □ 2. 軍公教 □ 3. 服務 □ 4. 金融 □ 5. 製造 □ 6. 資訊

□ 7. 傳播 □ 8. 自由業 □ 9. 農漁牧 □ 10. 家管 □ 11. 退休

□ 12. 其他＿＿＿＿＿＿＿＿＿＿＿＿＿＿＿＿

您從何種方式得知本書消息？

□ 1. 書店 □ 2. 網路 □ 3. 報紙 □ 4. 雜誌 □ 5. 廣播 □ 6. 電視

□ 7. 親友推薦 □ 8. 其他＿＿＿＿＿＿＿＿＿＿＿＿

您通常以何種方式購書？

□ 1. 書店 □ 2. 網路 □ 3. 傳真訂購 □ 4. 郵局劃撥 □ 5. 其他＿＿＿＿

您喜歡閱讀那些類別的書籍？

□ 1. 財經商業 □ 2. 自然科學 □ 3. 歷史 □ 4. 法律 □ 5. 文學

□ 6. 休閒旅遊 □ 7. 小說 □ 8. 人物傳記 □ 9. 生活、勵志 □ 10. 其他

對我們的建議：＿＿＿＿＿＿＿＿＿＿＿＿＿＿＿＿＿＿＿＿

＿＿＿＿＿＿＿＿＿＿＿＿＿＿＿＿＿＿＿＿

＿＿＿＿＿＿＿＿＿＿＿＿＿＿＿＿＿＿＿＿

請於此處用膠水黏貼